培训师原则
赢得更高级别的信任

THE ULTIMATE GAME PLAN

【美】泰瑞·莱文（Terri Levine）
皮特·维尼亚尔斯基（Pete Winiarski） / 著

朱鹏 译

中华工商联合出版社

图书在版编目（CIP）数据

培训师原则：赢得更高级别的信任/（美）泰瑞·莱文，（美）皮特·维尼亚尔斯基著；朱鹏译. -- 北京：中华工商联合出版社，2021.1

书名原文：THE ULTIMATE GAME PLAN

ISBN 978-7-5158-2802-2

Ⅰ.①培… Ⅱ.①泰… ②皮… ③朱… Ⅲ.①企业管理—职工培训 Ⅳ.①F272.921

中国版本图书馆 CIP 数据核字（2020）第 159685 号

Published by Motivational Press LLC, an imprint of Authors Place LLC.
Copyright © 2017 by Terri Levine & Pete Winiarski
All Rights Reserved.

The simplified Chinese translation rights arranged through Rightol Media（本书中文简体版权经由锐拓传媒取得 Email:copyright@rightol.com）

北京市版权局著作权合同登记号：图字 01-2019-0719 号

培训师原则：赢得更高级别的信任

作　　者：	（美）泰瑞·莱文（Terri Levine）　皮特·维尼亚尔斯基（Pete Winiarski）
译　　者：	朱　鹏
出 品 人：	李　梁
责任编辑：	于建廷　臧赞杰
装帧设计：	周　源
责任审读：	傅德华
责任印制：	迈致红
出版发行：	中华工商联合出版社有限责任公司
印　　刷：	北京毅峰迅捷印刷有限公司
版　　次：	2021 年 4 月第 1 版
印　　次：	2021 年 4 月第 1 次印刷
开　　本：	710mm×1000 mm　1/16
字　　数：	240 千字
印　　张：	14
书　　号：	ISBN 978-7-5158-2802-2
定　　价：	59.00 元

服务热线：010-58301130-0（前台）
销售热线：010-58301132（发行部）
　　　　　010-58302977（网络部）
　　　　　010-58302837（馆配部、新媒体部）
　　　　　010-58302813（团购部）
地址邮编：北京市西城区西环广场 A 座
　　　　　19-20 层，100044
http://www.chgslcbs.cn
投稿热线：010-58302907（总编室）
投稿邮箱：1621239583@qq.com

工商联版图书
版权所有　盗版必究

凡本社图书出现印装质量问题，
请与印务部联系。

联系电话：010-58302915

▶▶▶ 序 ◀◀◀

40多年来，我通过研究、应用和创作与世界各地的学生分享了成功的秘诀。我最畅销的书——《成功原则》中讲述了许多商界领袖、运动员、娱乐界人士、政治家、企业家和其他人的成功故事。同时，我也邀请到了许多有着相同经历的人来参加我的研讨会，以及参加我作为专题演讲嘉宾的活动。

尽管我认识的这些人中许多人都有精彩的故事可讲，都非常优秀，但实际上许多成功的商业领袖都接受过培训和咨询，来帮助他们制定和实施策略，也帮助他们实现自己和公司的目标。成功是一项真正的团队运动，当有高能力的教练和顾问可以为你提供指导时，你就没有理由尝试独自去摸索。

虽然培训是一种强大的技能，它可以帮助企业领导人识别并突破他们的障碍，但咨询的作用要更加强大。优秀的咨询师将他们的培训技巧运用在工作之中，这既最大限度地提高了他们为客户服务的工作效率，同时也能得到客户的许可，使得他们可以对实际需要完成的事进行更直接的指导。

咨询顾问是真正行业领域的专家，他们为客户制定个性化的策略，帮助他们快速实现目标。他们用不同的原则和方法训练他们的客户，以便他们能够学习和展现新的思维方式和策略。咨询顾问还是帮助他们实施战略的推手，即在客户努力尝试将咨询顾问提供的准则运用到实际问题中去达到他们想要的结果时，咨询顾问可以帮助他们的客户解决在这个过程中不可避免的问题。

许多的公司领导最终都离开了他们原先的工作，选择利用他们在职业生涯中积累的商业经验成为一名咨询顾问，去帮助更多的人实现目标。此外，咨询是一个令人兴奋的工作，许多与商业领袖有过合作的教练、培训师、作者和演讲者都可以选择学习并且担当这一角色。但咨询顾问这一职业与你在之前的职业生涯中仅仅充当一名雇员不同，它需要的是一套不同的技能，而不仅仅是指导、培训或演讲。

好消息是，《培训师原则：赢得更高级别的信任》这本书就是指导你打造蓬勃发展的咨询事业的最佳资源。

两位作者都是非常受欢迎的咨询师，有着丰富的经验，从支持创业者创办自己的公司，到与年收入数十亿美元的跨国公司合作，服务范围非常广泛。同时两人又都是美国企业界的高管，都拥有非常成功的咨询公司，通过这些公司，他们为客户创造了以百万美元计的价值。

作为一名广受欢迎的演讲者和成功教练，我有机会与世界各地的许多商业领袖和企业家见面，这其中有许多人都渴望为世界做出重大贡献，这让我印象深刻。泰瑞·莱文和皮特·维尼亚尔斯基是《培训师原则：赢得更高级别的信任》的作者，他们两位是通过咨询工作产生巨大影响的领导者，现在他们想帮助你做同样的事情。

泰瑞·莱文是"心企业家运动"的创始人，也是畅销书《增压》的作者。皮特·维尼亚尔斯基是畅销书《现在行动》的作者，这是一本描写了如何在90天内实现你目标的每日行动日志。通过他们的畅销书和强有力的咨询能力，两位作者都证明了他们真正关心的是如何帮助人们创造和享受更繁荣的事业和生活。

通过他们的商业咨询协会，泰瑞和皮特将他们的智慧和经验结合起来，帮助人们了解成功商业咨询的细节。现在他们通过这本书慷慨地与你分享了他们成功的秘诀，如果你想创立一家收入可观、蒸蒸日上的咨询公司，这本书绝对是你的好"参谋"。

我建议你慢慢地阅读这本书，花时间深入思考你将如何实现他们分享的每一个想法和准则。当你对最佳的商业模式、理想的咨询方法以及你想要付诸实践的营销理念有了深入的了解后，请永远记住，真正的价值将来自你将每个想法付诸行动。只有这样，你才能使你蓬勃发展的咨询企业梦想成为现实。

致敬你的伟大成功。

杰克·坎菲尔德

闻名世界的励志大师，他领导创作的《心灵鸡汤》系列被翻译为47种文字、全球销量过亿，实践"吸引力法则"已达三十余年，上过上千次的电台和电视节目，坎菲尔德集团的创始人和首席执行官。

▶▶▶ 导 言 ◀◀◀

我们很高兴你手里有这本书，这意味着你已经准备好作为一名咨询顾问来阅读它了！无论你已经是一名资深咨询顾问还是一个刚刚起步的新人，从现在开始，你就在正确的时间、正确的地点。你可以发现的是，现在的公司比以往任何时候都更需要咨询顾问，如果你能在你的专业领域建立稳固的声誉，成为公认的咨询资源，那么你就能在这个行业乘风破浪了！

我们将带你踏上一段美妙的旅程，在这里，你可以吸引那些完美客户，为他们提供远远超过他们期望的服务，同时你还能享受利润丰厚的收入和充裕的现金流，拥有一份回报颇丰的事业。

在这本书中，我们将告诉你一些关于咨询行业的秘密，以及如何建立一个能得到客户高度认可的咨询企业，并获得良好的声誉。我们将分享一些最好的营销策略，这样客户就会主动来找你，而你则不必追在他们后面苦苦哀求。我们还将为你描述随着咨询企业的成熟，你需要做出的一些重要选择，并帮助你优化咨询方法和模型，以最大化你的收入，留给自己充足的休息时间。

在我们开始旅程之前，让我们先告诉你我们是谁，以及为什么我们为你写了《培训师原则：赢得更高级别的信任》，并给你一些阅读这本书的建议，以便你可以最大化它的价值。

泰瑞的故事

我职业生涯的开始是作为一名语言病理学家。我开了一家属于自己的企业，然后成功地把自己的事业做大，而后我发现，比起当一个语言病理学家自己更擅长发展一项事业。因此我卖掉了那家公司，开始从事家庭艺术展览方面的咨询。我热爱咨询的工作，乐于帮助别人发展他们成功的艺术事业。同时我还为其他很多公司做过市场营销工作，我意识到人们来找我是为了让我为他们的企业提供帮助。我就这样干了很多年：给各种规模的企业提供咨询、训练和指导。之后我决定在美国公司工作。

在一家美国全国性医疗保健公司担任总裁五年之后，我对公司的运作方式感到非常沮丧。在此之前，我已经拥有了自己的企业，我知道我想要改变人们做生意的方式，于是我辞掉了工作，开始从事辅导和咨询工作。好像我天生就是做市场营销的人，在三十天内我就有了三十个客户，而且没有停滞不前。现在，我不得不说，我的父亲，我的丈夫，甚至我的家人，都觉得我疯了，因为我放弃了我的事业，放弃了我六位数的股票期权收入。然而，我知道，在我的内心深处，咨询才是我应该做的，我找到了属于自己的真正的"家"。

我很快就吸引到了一家公司，获得了几十万美元的咨询业务，而现在我已经在247个不同的行业为超过5000位客户提供咨询服务。我曾与通用电气这样的大公司合作过，也曾与初创小公司合作过。我很幸运能做我所热爱的事，同时我也热爱着我所做的事，并且我还能对今天的商业产生这样大的影响。

在这个过程中，我意识到我想要去分享我的专业知识，去帮助其他的咨询顾问创建他们想要的和应得的事业，因为我清楚地知道该如何做到这一点。我继续通过自己的咨询和培训公司——"心企业家"有限责任公司做着咨询的工作，并且依旧热衷于在商业领域内发挥影响力。

皮特的故事

我第一次接触咨询业是在大学四年级的时候，当时我在为马萨诸塞州西部一些公司的工业部门做顾问。马萨诸塞大学获得了一笔拨款，并为那些申请加入该项目的人提供咨询服务。我是少数几个进行统计质量控制方法培训的学生之一（使用的是多年后被称为六西格玛方法的步骤），同时我们在帮助他们应用这些方法时提供咨询。我非常高兴分享我所学到的东西，看到我的工作对这些公司提供了很大的帮助，我感到非常满意。我始终着迷于一个想法，那就是：我可以让人们的事业变得不同。

后来我在美国线模公司工作了10年，这家公司现在被国际公认为是少数几家通过彻底的企业变革，将精益原则整合到所有企业功能中的公司之一。我有幸担任他们的内部顾问和流程协调人，与从日本聘请的外部顾问进行互动，帮助公司应用丰田生产方式。我不仅与他们交流以改进操作，而且经常带他们出去吃饭，并在晚上向他们学习。

这些早期的咨询经验，加上我所担任的管理角色，使我能够在有机会加入著名的战略咨询公司麦肯锡公司时提前做好准备。麦肯锡拥有良好的培训新顾问的流程，多年来，随着我在公司的不断发展，我也从不断的反馈和指导中获益良多。我在那里工作了5年，组织过各种活动，还负责一些公司内部的事务，建立起公司的战略和运营实践系统。在麦肯锡工作5年后，我加入了美国丹纳赫公司，体验到了作为高管和高级领导团队一员的感觉。

而在离开丹纳赫后，我的下一步就是创办自己的咨询公司"制胜企业有限责任公司"。基于各种原因，这对我来说都是一次合乎逻辑的尝试。

首先，我有很多咨询经验，并且善于运用这一点。我与客户的关系也很好，同时我有解决问题的敏锐头脑，这能够帮助客户取得好的结果。

其次，说实话，我不再喜欢在美国公司里所扮演的角色了。我目睹了人们为追求月度和季度财务数据而把原本坚实的运营系统打散，而这反过来又削弱了带来长期业绩的能力。我不再抱有幻想，我已经不想在一个我不能掌控的公司里苦苦挣扎。我的目标和抱负与我正在做的工作不一致，这对我来说也不再有意义了。

最后，其实有一段时间，我再也不能忽视自己对经营咨询企业的内心渴望。我有企业家精神，我真的很喜欢帮助别人。我意识到，在我的职业生涯中，有很多商业领袖可以从我学到的东西中获益，并且随着我们与新客户的合作，面临的新情况以及新挑战，他们还会继续从中学习到更多有用的东西。拥有自己的咨询公司也给了我选择适合我的客户和项目的自由，也给了我与家人相处的自由。而由于咨询是一个有利可图的事业，从中获得的利润让我实现了财务自由。所有这一切让我选择了经营自己的咨询公司，这对我的职业生涯来说是一个巨大的前进。我没有后悔。

上面是我们两个人的简单介绍。算起来，我们有丰富的个人经验，因为自1998年以来我们帮助了各种各样的客户。我们从与小企业和国际大公司的合作中积累了丰富的知识财富，而且我们也一直在世界上最有声望的咨询公司工作，并与独立的个人顾问一起工作。我们也指导咨询顾问，帮助他们完成扩大事业和增长收入的挑战，创建模型，提供更大的个人自由，帮助他们在其他业务中增加咨询服务，实现从指导到咨询的转变，并找出最好的方法开始和发展他们的咨询企业。我们正与更多新入行的顾问和经验丰富的专业人士合作，并对他们的成就感到兴奋。

为什么要写这本书呢?

我们被问过很多次为什么我们决定一起写这本书。我们编写了《培训师原则：赢得更高级别的信任》，因为我们都热爱我们的咨询事业，同时我们也都在企业中取得了成功，并且随着时间的推移我们学会了如何与客户一起达成好的结果。此外，我们一直在指导策划项目中的其他顾问，以帮助他们开始或提升他们的咨询企业。

我们也相信，现在是时候——是的，我们再次这样说——成为一名咨询顾问，成为一名更好的咨询顾问，并见证你的事业蒸蒸日上。

当我们在策划小组指导我们的客户时，我们注意到当他们来找我们时，正在为那些我们已经解决的问题而挣扎。在我们的"做强你的咨询事业"现场活动上，许多参与者已经接受过训练、指导和演讲的培训。在他们的策略体系中增加咨询是很有意义的，而且也很划算。然而，我们注意到，那些想进入咨询业的人却并没有足够的信息或知识来这样做。

我们还意识到，许多疑惑正是来自那些已经成功的咨询师，他们对我们的成功充满好奇，他们想知道作为成功的商业咨询师，我们所拥有的捷径和秘密。这些问题包括：你是怎么做的？你是如何开始你的咨询企业的？我应该如何设定我的费用以及我在哪里可以找到更多的客户？

在我们举办的"做强你的咨询事业"现场活动中，我们一次又一次地被问到这些问题，这让我们产生了灵感。我们意识到我们所知道的信息以及我们所建立的系统和流程实际上可以帮助很多人。这使得我们开始总结建立咨询企业的基本知识，而这也是我们决定写这本书的原因。

运营一个咨询企业可以分解为五个步骤：

1. 向市场展示你的专业知识和定位。

2. 提升咨询技巧，为客户创造最大价值。

3. 研究咨询业务，最大化你的收入和利润。

4. 建立一个客户渠道，掌握获得新合同的艺术。

5. 增加你的收入，建立你的企业。

许多咨询顾问专注于第二步，努力成为一个可靠的咨询顾问，为他们的客户带来巨大的价值。问题是，他们很难得到客户，因为他们没有执行第一步或第四步。如果你想最大限度地优化自己的财务状况，第三步是非常关键的。而且，除非你只关心现在的状态，否则你会希望随着时间的推移建立起你自己的企业，就像第五步所说的一样。

我们将在这本书中涵盖所有这些主题。我们并不是说达到这些步骤你就不需要再做一些其他的工作了。但好消息是，在这本书中，我们为你铺设了一条更为顺畅的道路。

这本书为你提供了什么

我们决定带你走到幕后，向你展示我们的企业如何高效运作，借鉴后你就能得到我们正在得到的结果。通过阅读这本书，我们知道，如果你是这个领域的新手，你会获得启动你个人的咨询企业所需要的信心和体系；如果你已经在从事咨询业务了，你将把你的企业提升到一个新的层次。我们希望你获得巨大的成功，拥有稳定的客流，为你理想的客户提供你钟爱的各种咨询服务。我们还希望你拥有合适的技巧和咨询体系，这样你为客户提供的咨询工作也能对他们产生重大影响。我们的愿望是帮助你建立一家极其成功的咨询公司。我们知道，当你带着高度的诚信并以正确的方式为许多正在苦苦挣扎的企业提供帮助时，你将获得成功。

此外，我们强烈认为，企业领导人不需要焦头烂额，企业便可以经营得更好、更顺畅。我们希望企业领导者明白，他们能够通过找到具有正确技能、正确动机和高价值的企业咨询顾问，来帮助自己达到预期的美好结果。如果你想成为这些顾问中的一员，那么这本书就是为你准备的。

共同撰写这本书是一个非常有趣的过程。作为两家相当成功的咨询公司的所有者，在过去的几十年里，我们做了大量的企业工作，这使得我们能够把双方学到的最好的知识结合起来。我们与营收800亿美元的超大公司合作，也和营收只有100万美元的小公司合作。我们知道，通过分享我们系统化和自动化的流程、框架和经验，你可以综合利用它们，迅速启动或提升你的咨询企业——最终，对你的合作伙伴和合作公司产生巨大影响。

当你读这本书的时候，我们鼓励你去做一些你在阅读大多数书时通常不会做的事情。实际上，我们要求你在书上做笔记。许多人认为不应该在书上写写画画。然而，我们认为这是无稽之谈。研究表明，与你正在阅读的内容进行对话有助于你对材料有更深入的理解，并且可以帮助你通过材料找到它对你的意义所在。阅读这本书时，你可以想象自己已经加入我们的谈话中，在页边空白处做下笔记，写下你的问题，标出重点内容，你可以做任何能让你感觉自己是坐在我们会议桌对面的事。

拿起一支笔，在空白处写下笔记，将你觉得有用的页面折叠起来。这都是很好的习惯。我们完全允许你在书上画圆圈，划下划线，或特别标记某些部分。做任何你需要做的事情来充分利用这本书的信息。然后，你可以回头重点看看在你的企业中最能指导你的策略、技术、手段或课程。我们的目标是让你从这本书中获得最大的价值，并把它看作是一个参考工具，即你在任何时候都可以拿起这本书并重新审视。

我们认为这本书是咨询顾问的商业和营销圣经。当你想要重温这本书时，你不需要重读整本书。你可以回到你折叠或记下标记的页面，立即得到你需要的信息。正如你的企业是一种动态资源能够灵活运用一样，这本书也是。《培训师原则：赢得更高级别的信任》，这本书将协助你克服你在启动和发展咨询企业时所面临的挑战。

▶▶▶ 目 录 ◀◀◀

第一章
为什么咨询如此火爆！

| 第一节 | 建立咨询事业正当其时 | 003 |
| 第二节 | 商业咨询领域的共识 | 007 |

第二章
优化你的企业以获取最大效益

第一节	商业模式的选择决定未来	017
第二节	宣扬专业定位	028
第三节	处理客户企业的方法	034

第三章 如何做强你的咨询事业

第一节	做强公式	045
第二节	获得客户	046
第三节	产生巨大影响	048
第四节	更高的费用	050
第五节	更多的客户	053

第四章 开发客户的PACK模型

第一节	明确你的定位——打造你的品牌	057
第二节	展示专业技能吸引潜在客户	063
第三节	转化的艺术	076
第四节	维系与客户的长期关系	082

第五章 创造卓越的价值

第一节	提高你的咨询技巧	099
第二节	高级技能的发展	114
第三节	最大化你的影响力——在客户参与之前	125
第四节	最大化你的影响力——在客户参与期间	134

第六章 典型的客户问题

第一节	保持良好流动性——解决财务问题	145
第二节	组织化的挑战	154

第七章	第一节	商业教练与商业咨询	169
对其他重要问题的解答	第二节	建立自己的团队	173
	第三节	设置适合的法人结构	178

第八章	第一节	制定自己的指导原则	193
你的下一步行动	第二节	描绘你的未来	198

后记			201
致谢			203

第一章

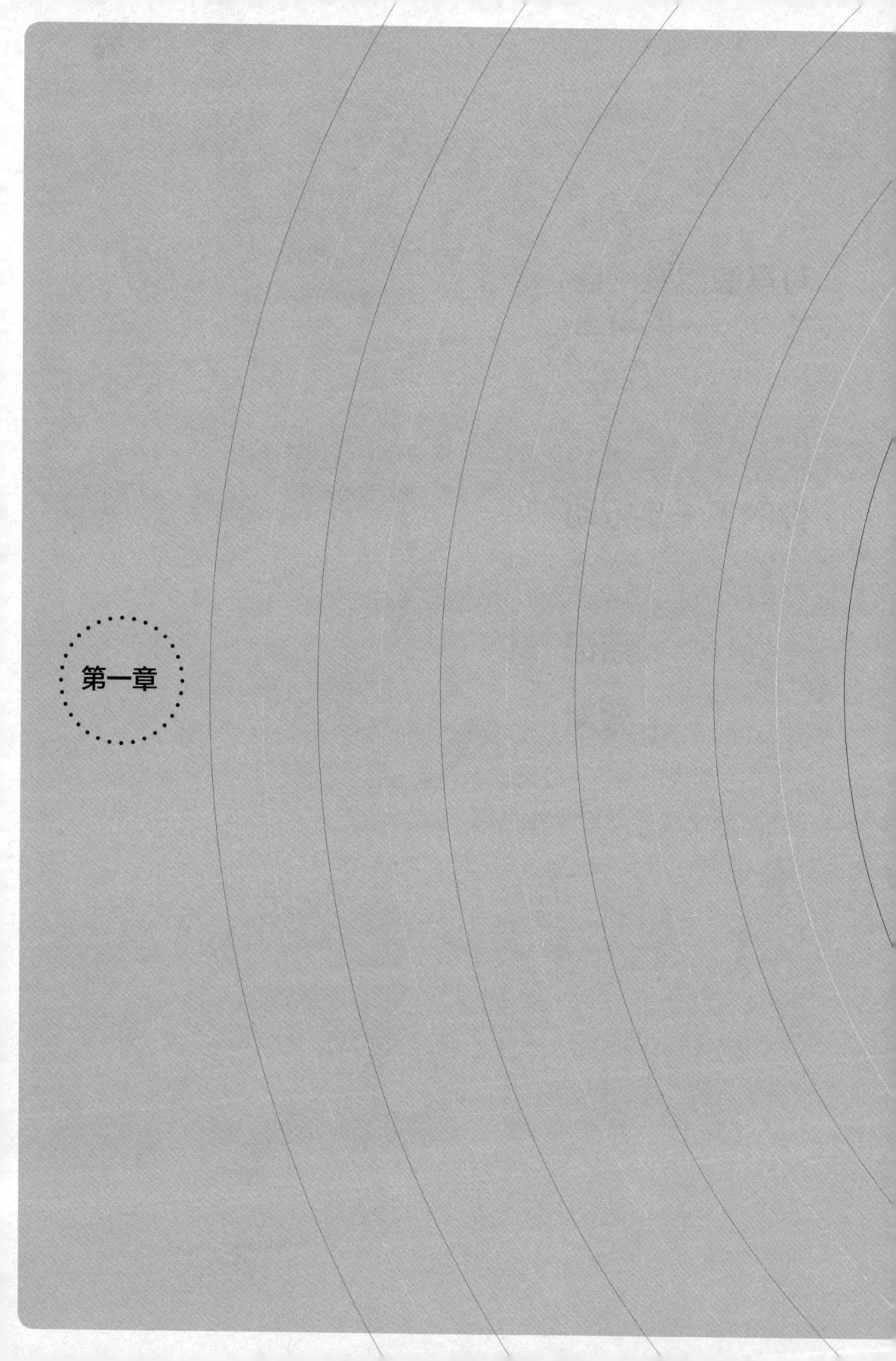

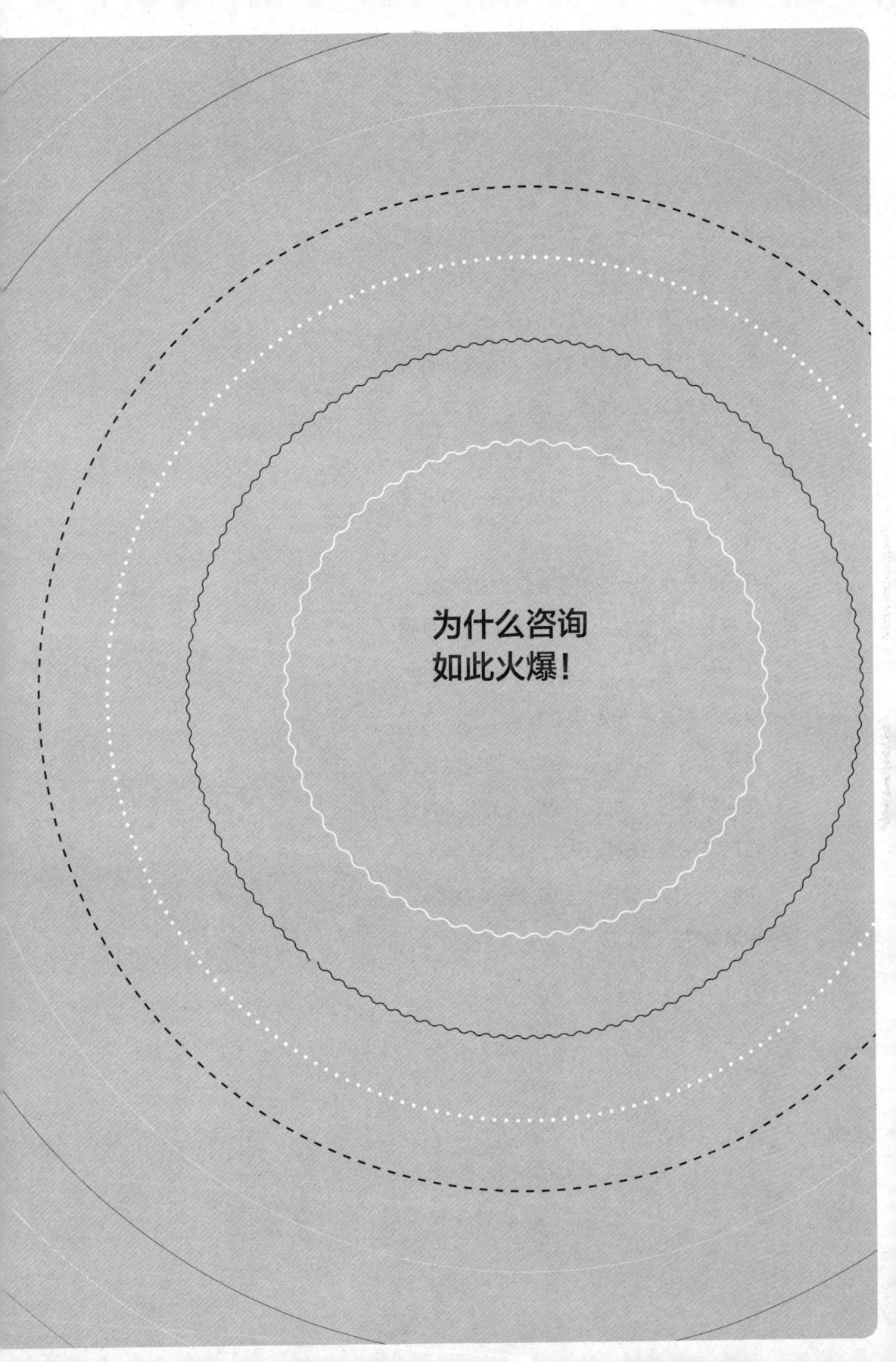

为什么咨询如此火爆！

这一部分是为了让你对咨询行业感到兴奋。这个行业正在成长，你已经选择加入并成为其中的一员，或者正在考虑做出改变。我们希望你明白，现在是你全力以赴的最佳时机，去建立一个收入高见效快的咨询企业。你可以获得巨大的成功，并以此达到你梦想的生活方式和收入水平。

我们也分享了一些关于咨询的基本事实，这样我们就能以一个共识为基础，了解什么是咨询，为什么客户需要你的帮助，以及现在谁在开始从事咨询工作。我们对现有的咨询顾问、新咨询顾问以及潜在客户进行了调查，我们认为你会发现自己与其他在这段令人兴奋的咨询旅程中的人一样，你们是志同道合的同路人。

你准备好开始了吗？

第一节　建立咨询事业正当其时

如果你曾经想过成为一名顾问，那么现在正是时候！这个行业正在以惊人的速度增长，许多公司都在寻求帮助，以使公司扭亏为盈，同时希冀能够解决那些具有挑战性的问题，或将企业提升到新的水平。

根据《福布斯》的数据，商业咨询行业的年营业额为 1000 亿美元。此外，商业咨询行业正在经历巨大的增长，事实上，商业咨询的规模在过去几年里已经翻了一番，预计到 2021 年将再翻一番。

在咨询行业，你可能碰上这样的例子：一个非常成功的行业，它迅速扩张，同时让这个行业的所有公司都变得非常成功。想象一下，如果你赶上互联网的潮流，成为最早的家喻户晓的网站之一。这就是我们可能遇到的事情。企业总是需要支持来帮助他们实现更快的发展，更高产的输出，更高效的运作，并对市场产生更大影响。你可以帮助他们得到他们想要的结果，并享受稳定的客户流和不断增加的收益。

谁能成为咨询顾问

企业家、作家、培训师、演讲者、商业领袖、教练、有特长者和专家，等等。

事实上，任何一个拥有专业知识或技能的人都可以成为一名咨询顾问，这些知识或技能可以帮助一个人实现他们的商业目标，或者作为一个商业领袖或管理者（包括个人目标）的目标。事实上，你可能已经成为一个咨询顾问，只是没有意识到这一点。

如果你拥有专业知识、产品或服务，如果你有一个企业，并且你告诉你的客户如何从你的产品或服务中获得最大利益，如果有人咨询过你的建议……那么你就是一个咨询顾问——如果你不把自己当作咨询顾问，那等于把送上门的钱扔出门外。

一项调查——你和咨询顾问没什么区别

我们对我们的咨询师客户和参加过我们现场培训活动（"做强你的咨询事业"）的人进行了一项调查，了解了他们的动机、经验和成为顾问的渴望。以下是我们从他们的反馈和所做的人口统计、他们的动机以及意愿的回顾中所得出的一些结论。

人口统计资料

- 90.4% 的受访者年龄超过四十岁，这意味着他们有多年的实践经验并可以将之发展成为专业知识。

- 65.5% 的受访者已经在他们的职业生涯中聘请过一位顾问，这意味着他们对于与顾问交流是什么样子已经有概念了，并且他们对这样的角色也比较熟悉。

- 67.3% 的受访者曾经担任过顾问，这也意味着有近三分之一的人没有咨询经验，并且是刚开始这项事业。

- 34.6% 的受访者已经有超过 10 年的咨询经历，15.4% 的受访者有 5 到 10 年的咨询经历，所以在我们的受访者中，经验是十分重要的。
- 51.9% 的顾问是女性，而男性顾问则占比 48.1%，这显示出这不再是一个男性主导的行业。

从这些数据看，我们猜想你可能和其他正在从事咨询工作的人没什么不同。

动　机

- 96.2% 的受访者想要更多的个人自由。
- 46.1% 的受访者对他们的职业生涯很沮丧。
- 52.8% 的受访者说他们在某些事上有很棒的专业知识，因此人们经常向他们请求帮助。

请注意别人是否在与他们企业相关的事情上向你寻求帮助。这其实就是潜在客户正在建议你向他们提供咨询服务。

咨询有可能带来巨大的回报，并为你提供工作的自由和灵活性，因此受访者将这些好处囊括到促使他们进入这个领域的动机中也就不足为奇了。

意　愿

- 86.5% 的受访者对于他们的咨询企业有一个收入目标。
- 在有收入目标的这些人中，只有 15.6% 的受访者达到了预定的目标。
- 有趣的是，51.9% 的受访者并没有采取任何一个策略来帮助他们实现目标。

我们想说的是，你（读者）就像那些已经或者正在尝试开展咨询业务的人一样。你没有理由不去做咨询。所以，继续前进，正确认识你脑子里的恐惧和顾虑："是啊，但是……""我不像他们……""这太冒险了。"你可能会认为这是理性的声音，但正是这种声音让你在生命的大部分时间里都安于求稳。我们清楚地明白这一点。我们和这个"声音"谈了很多次，最终我们使它安静了。而我们取得的成果就是——我们极其成功的咨询事业！

准备好引爆你的生意

好好利用这本书里的资源，你将有很大的机会走上一条成功开启咨询事业的捷径。

那些能够运用最佳的咨询模式的咨询师都是可靠的专家，他们了解咨询企业，知道如何为客户省钱，从而创造出更高的价值并因此收获高额的咨询费用。咨询顾问的收入比大部分初创企业的人员（包括互联网营销人员）的收入都高。

当然，如果你想要进入这一领域，有方法可以帮助你快速获得这个领域一定的市场份额，而我们准备告诉你这个方法是怎样的。

第二节 商业咨询领域的共识

要理解咨询的功能，我们必须首先对其概念进行定义。咨询是利用你的专业知识和能力为客户提供解决难题的方案，并让客户根据你的建议和服务进行操作。当你是一名商业咨询顾问时，你是通过提供外部视角的观点来获得报酬的。而大多数客户还希望你能够更进一步，给他们额外的动力去实现他们的商业目标。

企业咨询顾问对公司的现有实际情况进行分析，并提出改进建议。一些咨询顾问专门从事某一领域的咨询服务，如供应链管理。此外，还可以聘请咨询顾问来制订员工培训计划或简化操作。许多咨询公司都拥有行业专长，例如零售、金融服务、包装产品。咨询顾问可以拥有深厚的技术专长，比如精通工程设计、IT编程语言，熟悉脸书等社交媒体的运作以及算法，掌握网站设计、搜索引擎优化和谷歌算法，或者是使用某种设备的专业知识。还有一些咨询师，他们拥有一个漫长的职业生涯，他们曾经一次次取得成功，而现在他们已经退休，正在进入咨询业。他们基于自身的成功经验来为客户提供建议。这样的可能性几乎是无限的。

企业咨询顾问对组织或公司进行充分调研了解，以客户希望改进或修复的内容为出发点，开始着手咨询项目。通常情况下，咨询师首先通过审查财务报表、评估竞争对手和分析企业业务情况来判断公司的现状。在研究阶段结束后，企业咨询顾问通常会开发一个全新的商业模式，然后准备一份建议并将其提供给客户。

一些咨询顾问拥有企业管理的本科学历，而一些可能具备市场营销或会计背景。一些咨询顾问懂得会计和管理准则、金融模型、市场营销和沟通的复合知识。尽管一些咨询顾问拥有工商管理硕士学位，但这并不是必需的。许多人在进入这个领域时拥有多年的经验，并拥有其他领域的学位，比如工程学，或者根本就没有。你可能会惊讶地发现，相当多的律师毕业后拿到了法学学位，却加入了大型战略咨询公司，比如麦肯锡。他们很适合，因为他们聪明，善于分析问题，并且善于沟通，这是你们会在第十一章中学到的最重要的咨询技巧。

现在是做咨询顾问的大好时机，因为从2012年到2022年，预计这个领域的年均增长率将达到19%。你一定会因为在这个时候成为一名咨询顾问而激动，因为你可以看到你的企业随着整个行业的发展而快速成长。而且，当你运用我们在这本书中所描述的策略时，你能帮助你的咨询公司脱颖而出，成为最好的咨询公司之一。即使这个行业经历低潮，有这本书的帮助，优秀的你将成为拥有美好前景的幸存者。

想想房地产繁荣的时候。这个行业的每个人都在快速发展，并赚了很多钱，例如房地产经纪人、抵押贷款经纪人、估价师等。而一旦房地产泡沫破灭，就只有最优秀的人才能生存下来。

我们将教会你如何在经济繁荣的时候利用好它，然后成为最好的其中之一。这样无论经济如何发展，你都能继续保持蓬勃发展，并享受收入的增长和平衡的生活方式。

咨询行业简史

咨询业的历史可以追溯到1886年，当时成立了第一家咨询公司——arthur D.

Little inc.（理特管理顾问有限公司）。为《财富》百强企业提供咨询服务的最大、最负盛名的战略咨询公司包括"三巨头"：麦肯锡公司、波士顿咨询集团和贝恩公司，另外埃森哲也是一家知名的大公司。大公司通常会考虑客户能负担得起他们的费用的项目，因为每个项目的费用通常超过7位数，而且往往会在今后的时间里衍生出许多的后续项目。

1980年，只有5家咨询公司的雇员超过1000人。而到下一个十年结束的时候，已经有超过30家公司拥有超过1000名雇员。此外，还有那些少于1000名雇员的小公司和大量的企业咨询顾问——可能就是你！

一个咨询顾问会与客户一起合作，完成策略、计划、问题解决、发展企业的技能与知识等工作。作为一个咨询顾问，你可以做任何事情，从设计一个商业模式或营销计划，到决定使用哪种营销技术以及如何使用它们，到制定你的客户的战略，指导和促进运营过程的改进，提高领导技能，改变公司的文化，或提高员工敬业度。你可能正在帮助你的客户计划和实施项目，并且你总是会被要求提供建议，教授技能，和你的客户一起头脑风暴，以产生实际的结果和增强战略思维。

为什么是商业咨询？

你可能会想，为什么公司在经济低迷的时候还在继续购买商业咨询服务？你也可能会感到惊讶，为何经济萎缩时期商业咨询行业却在飞速发展？原因是，商业咨询能帮助公司保持较高的偿债能力，在经济衰退期间仍保持增长。许多公司之所以能够继续经营下去，只是因为他们聘请了一位咨询顾问。

在商业咨询行业有许多有趣的动态。如今，有一些大型咨询公司因为在咨询行业最大的战略咨询公司之一而闻名。这些公司往往有着大型的咨询团队，而财富500强公司才是他们的客户。而在行业中，也有很多的小公司没有那么大名气，但是它们有类似的帮助企业的支持模型，可以组建多人咨询团队，利用持续一到三个月或更长时间的咨询活动帮助解决客户的问题。还有一些精品咨询公司，可能只有十几名顾问，也可能有数百名顾问。与那些可能拥有数千名咨询顾问和支持人员的大公司相比，精品公司的规模要小得多。近年来，精品咨询公司的数量已经开始突飞猛进，通过他们经验丰富的顾问，他们也进入了全球市场，并拥有坚实的客户基础。

最后，还有一些超级小公司，其中许多是单枪匹马。当一个人决定要自己做顾问的时候，这些单个人的咨询公司就会随之成立。这些人的动力可能就来自他们想要帮助企业成功发展的激情。也许他们创立商业咨询公司的原因是因为他们在之前曾做过咨询顾问，抑或曾供职于咨询公司。他们可能已经受够了美国公司的职业生涯，现在他们已经准备好了继续前进，在咨询这个职业上做他们最了解的事情，而不是仅仅作为一名雇员。

提供商业咨询服务的一个好处是，你不必像典型的商业教练那样每月推销你的咨询服务，因为商业咨询可以按项目出售。商业咨询是一个很好的商业选择，因为你可以在没有很多员工或者没有固定成本的情况下，建立一个低成本的企业。你还可以获得持久的收入，只要你拥有能帮助企业的技能，你就能很快建立起自己的咨询企业。

如今，进军商业咨询服务的时机已经成熟。通过一些集中的营销手段，你可以快速找到客户，而且不必建立复杂的销售渠道——也不必开发许多产品。不需要花费昂贵的营销费用，你可以创建一个在自由基础上的有很高的净利润和大量的休息时间的企业。

你现在不需要为了找到客户而去使用昂贵的宣传册。你可以利用幻灯片、即时通信软件、视频媒体等工具，在互联网上进行高效的营销。所有的这些工具都能让你以比20年前更低的成本推广你的服务。

推销商业咨询服务的关键方法之一是激起客户解决问题的欲望。你通过细分理想目标受众，与那些你知道遇到你的咨询服务能解决的问题的人交谈，来建立起沟通的纽带。一旦你真正了解了你的目标受众的关键问题和他们的需求，你需要做的就是向他们阐释你将如何解决他们的问题。通过创建解决方案来帮助他们解决问题并展示你的专业知识，以证明你有解决他们问题的能力。

当你向各类公司的高层展示你可以给他们提供他们想要的帮助，帮助他们实现更大的利润、更高的收入，推动企业增长，取得商业上的成功，或者任何他们想要的东西时，商业咨询对于他们来说就十分具有吸引力。从商业的角度来看，当一家公司看到咨询顾问和他们的技能将为公司带来更多的利润和高投资回报时，聘请咨询顾问是它们欢天喜地要做的事。

如今，咨询企业很受青睐，因为公司都在寻求更高的利润，并寻找能让它们更赚钱的工具。大多数高管都在阅读《快公司》[1]或《Inc.》[2]等杂志上的文章，这些文章指出，接受商业咨询服务是让他们公司获得更多收益的一件事。

如果你正在考虑成为一名咨询顾问，你要知道你正在进入一个有利可图的行业，一个不愁销路的行业。咨询可以让你迅速进入市场，如果你为客户提供了好的服务，他们会长期跟随你。而咨询顾问只要不断地帮客户经营好企业，就能获得稳定的、源源不断的收入。我们会在这本书的其他章节教你如何做到这一点。我们还将证明客户是充足的——只要你遵循一个有效的营销系统，因为有大量的公司都在寻找咨询顾问。

一旦你确定了一个特定的目标市场，你要真正了解目标市场，进而在这个市

---

[1]《快公司》是国际著名媒体，是著名的前沿商业媒体品牌，长期聚焦于商业与科技的创新领域，发行量与营业额长期跻身于美国期刊的前5位之列。
[2]《Inc.》杂志是美国以发展中的私营企业管理层为关注点的主流商业报刊，不仅为企业创新提供实际解决方案，还为企业管理层、财务、营销及科技部门提供实践工具及市场发展策略。

场上持续保持优势。例如，如果你想成为一名生产力方面的咨询顾问，你需要成为该领域的知名专家。如果你决定成为一名销售顾问或信息技术顾问，这也同样适用。无论你的职位是什么，只要成为该领域的专家，你就会有很大机会成为一名成功的咨询顾问。我们将向你示范，应该如何突出你的专业知识。

如果你了解如何营销你的企业和如何以较低的成本经营企业，那么商业咨询对你来说就是一个可以产生高利润的好选择。商业咨询基本上是销售"怎么做"的咨询服务（相比之下，商业教练通常是帮助客户发现自己的答案）。我们相信，当你将"怎么做"服务能与所发现的客户问题相契合时，你对客户来说就是最好的顾问，你因此将拥有飞黄腾达的咨询事业。

如果你想要成为一名咨询顾问，你会有一些简单的选择需要完成。现在你就应当决定，你是否想成为咨询公司的雇员，或者建立自己的咨询企业，然后成为其他咨询公司业务的外包商，或者你想拥有自己的咨询客户。哪一个更吸引你？你喜欢从其他公司引流客户吗？如果是这样，那就把自己外包给其他咨询公司。如果你想要一些更有挑战性、更赚钱的工作，那就建立自己的咨询公司，然后自己去找客户。

许多咨询顾问不一定有自己的办公室，很多人都选择在线上工作。你可以选择任何适合你的模式。你可能打算在家里办公；你可能想要雇用很多员工；你可能只想要一个独立的咨询外包商，又或者你可能想要自己做所有的咨询工作。当你成为一名咨询顾问时，你其实已经选好了一条适合你的道路。在下一章中，我们将帮助你更深入地理解这些问题，帮你确定哪种模式最适合你。

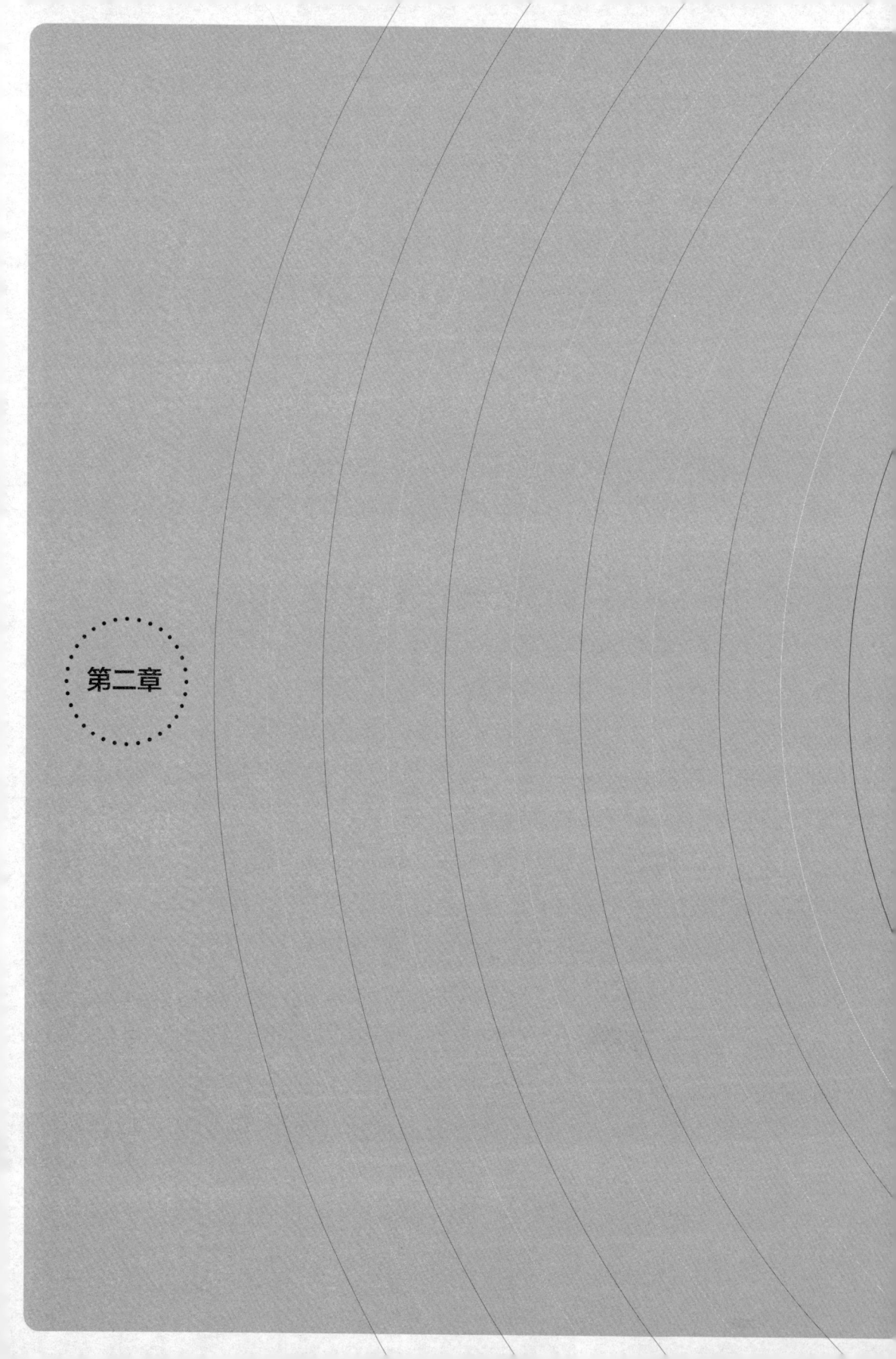

第二章

优化你的企业以
获取最大效益

在这一章中，我们将回顾一些关于你的咨询公司以及你应当如何选择做生意的关键决策。你必须对你的商业模式做出一些选择。因为你将决定利用你的哪一部分专业知识来开展业务，这决定了你如何划分目标客户和建立客户列表。你还需要考虑在不同的情况下应当具体使用哪种方法。

好消息是，这些决定都不是一成不变的。你可以根据具体情况作出适当改变。事实上，随着企业的扩展和成熟，你可能或多或少都会做出一些改变。

第一节　商业模式的选择决定未来

开创咨询事业的四种模式

基本上，有四种类型的商业模式是你在启动咨询工作时需要考虑的，它们分别是：

- 成为咨询公司的一名员工
- 做其他咨询公司的咨询外包商
- 成立个体咨询公司
- 设立拥有雇员或外包商的咨询公司

让我们来看一下这四种商业模式，看看它们的优缺点有哪些。

模式1：成为咨询公司的一名员工

一个快速获得咨询经验的方法就是进入咨询公司。大多数的大型咨询公司都有着行业领先的培训计划和机会来帮助咨询师提升他们的技能，使他们迅速地成长为高效的咨询师。

当然，如果你有创业精神，并且对建立自己的事业感到兴奋，那么在一家大型咨询公司做职员也许就不太适合你。虽然它可能成为启动你事业的重要的第一步并加快你的学习速度，但如果你有真正创业的愿望，在任职公司逐步升迁乃至成为合伙人的前景可能就远没有建立自己的公司的想法那样鼓舞人心。然而，成为一家咨询公司员工的好处是，你会拥有稳定的薪水，并且没有自己找客户的压力。

注：作为别人咨询公司的员工，你也不需要自己创业。我们在第十九章给出的建议和指导就是让你考虑准备什么时候自己出去打拼，但只要你受雇于人，你将不再需要这些建议。

模式2：做其他咨询公司的外包商

作为其他咨询公司的外包商，你就不是他们公司的雇员。你拥有自己的公司，并且你可以选择和谁合作。你的经营策略是，与多家工作量超过自己员工资源的咨询公司建立关系，而你，作为一个自由的合作者，可以决定是否接受他们给你的项目。

作为一名外包商的好处是，你可以自由选择什么时候工作，和谁一起工作，而不是作为一名雇员，接受分配给你的任务。作为外包商，你的收入可能比作为雇员的工资要高。然而，可能有时候你会在很长一段时间内没有任何合同，也就没有收入。

模式3：成立个体咨询公司

如果你自己成立一家个体咨询公司，作为咨询公司的老板，你就需要自己找客户。这很令人兴奋，因为随着企业的发展，你完全可以作为自己的决策者。你能获得的酬劳水平也比你作为一个外包商要高，因为没有了"中间人"的分成。但是，相应的，你要对寻找客户所需的所有营销活动、合同的签订和执行负全部责任。为了保证公司能持续向前发展，你要拼命地去开发客户，签订合约，而你的收入可能是作为外包商的两至三倍，甚至更多。

作为公司的老板，你必须考虑这一章的所有建议。如果你没有选对正确的业务结构，没有提供各方面要求的各种文件，将面临巨大的风险。如果你发现自己处于这种情况下，那么需要咨询注册会计师和律师等专业人士，及早解决这些问题。

模式 4：设立拥有雇员或外包商的咨询公司

这种模式才会真正令人兴奋！你不仅是一家工作量超过你个人负荷的咨询公司的老板，你也在享受利用其他资源的好处。

当然，在利用外部更多的资源时，你需要进行更多的管理决策，比如根据成本费用来选择咨询顾问或者与外包商建立合作关系。虽然按日薪计算员工的薪水只相当于外包商的一小部分，但你要保证员工的工作效率，要让他们的工作与他们获得的薪水匹配，还要能帮你赚钱。从另一方面来讲，外包商是一个可变的资源，因为你可以选择分配一个项目给他们或者不分配。

随着客户和团队成员的增加，其他相应的管理工作也会增加。如果你把时间花在这些任务上，那么，正如《创业必经的那些事》一书的作者迈克尔·格伯所说的一样，你不是在做生意，而是一直在生意之中。作为一个企业主，你也许会遇见一种非常危险的情况，那就是你的职责是创造更多的收入机会，而不是仅仅为了降低成本而做一些行政工作。千万别掉进这个陷阱！

显然，作为一家拥有雇员和外包商的咨询公司，你需要有一个合适的企业系统，同样地，你的企业结构选择也很重要。至少到目前为止，这是显而易见的。你还必须有一份精心设计的合同，明确双方的权责义务，这样你的外包商（和雇员）就能清楚地知道从你这里预期能得到什么，以及作为交换他们需要具备什么条件。还有一些其他的因素，如为了保护自己、客户和所拥有的资源，你需要和员工或外包商签订保密协议。

在这一点上，企业系统的设计也很关键。创建提案和与客户签订合同的流程设计最好能带给客户快速、轻松的感觉。管理现金流的发票流程和系统要满足客户需求，让客户感到满意，你的工作也自然而然能顺利进行。

不同模式下的潜在收入

当然，每一种不同的事业模式都有不同的风险和回报，而风险越大，你能获得的收益就越大。让我们来看看不同模式都有哪些风险因素，在这种模式下会有哪些收益。

模式1：做咨询公司的一名员工

在这种模式中，你完全没有创业风险，因为你只是一家咨询公司的员工。当然，就像现在所有的公司一样，你必须选择一个能给你带来挑战的好机会，能让你成长为一名咨询师、商业领袖和良好的个体，并且能让你在未来几年内享受工作的雇主。你和世界各地的员工都有着同样的压力和期望，包括表现出色和取悦上级，这样你才能得到令人艳羡的绩效评估结果，同时还能获得可观的奖金和加薪。

作为一名雇员，你有一份可以赖以生活的薪水。你的薪水是确定的，唯一真正不确定的问题是你每年的奖金有多少。你知道你的财务状况是稳定的，并随着时间的推移略有增长。对于每个月的工资，你可以提取一部分放入你的养老计划中，一部分放到个人储蓄账户中，其余的用来支付各种其他开支。

你期望自己的收入是多少呢？2015年，美国的年薪中位数约为8.8万美元，年薪区间为 6.5 万到 14 万美元。明智地选择了一家合适的公司，并在面试中给人留下了深刻的印象，也许你会很幸运，最终爬到更高的职位。然后，你继续表现出色，工资逐渐提高，也许你就会被提升为经理。

现在来这样想一想：咨询公司会在一定的薪酬水平上向你支付薪金，然后把你分配到一个为特定客户服务的项目团队。咨询费用中的大部分归咨询公司，其中的 10% ~ 15% 或者 20% 作为你的工资和奖金的一部分。举例来说，如果你的公司每天向你的客户收取 2000 美元，你可能会得到 200 ~ 300 美元作为你的工资，也就是你每周可以赚 1000 ~ 1500 美元，相当于每年能赚 52000 ~ 78000 美元。你分成的比例可能更高，原因是你并不会一年 52 周全都可以拿到这部分收入。一年中，你会有几周享受假期，会参加培训和公司会议，这些时候你就拿不到项目分成了。

注意观察你会发现，这样计算出来的年薪比我们上面所分享的工资中位数可能低一些，也就是说更可能的是，公司每天给你提取分成的收入额超过 2000 美元，公司给你的分成比例也可能会高达 25%。事实上，按照年薪 65000 到 140000 美元来计算，在那些声名显赫的公司里你作为咨询顾问提供服务，客户每天需要支付的酬劳按照低标准算在 2500 美元以上，而按较高标准算，你甚至可以拿到每天 5000 美元甚至超过 8000 美元的酬劳，因为这把你一整年里不在项目上的时间考虑在内。这完全符合我们所熟悉的收费标准。根据公司的情况，咨询服务的收费远远超过 2500 美元甚至 5000 美元，而在更知名的公司里，高级终身顾问的收费是这个水平的 2~3 倍。现在，咨询就是一项值得去追求的事业！

不要纠结于确切的数字，重要的是你要看到咨询行业的前景。你的雇主在你身上需要付出的成本包括工资、保险、各种福利，与你的收入相符的退休计划的投入，需要缴纳的各种税费。此外，他们还需要支付公司运营所需的所有费用，包括管理费用和管理人员、行政人员等的工资，所有支出都是来自他们从客户那里收取的咨询费用。这些费用占据了一定比例的咨询费用。虽然是你完成了咨询项目，但是公司分给你的提成比例并不高，而你还是得继续工作，因为为了获得这个项目，公司做了大量的工作，比如寻找客户、对各个环节进行管理等。

模式2：做其他咨询公司的外包商

作为咨询公司的外包商，你不是他们的雇员。这就意味着他们对你没有任何责任，包括保险福利、退休账户的缴款、奖金、假期、税费，或者其他任何他们需要为自己员工支付的费用。

作为一名雇员，咨询顾问是公司的固定成本，而作为一名外包商，你则属于可变成本。根据你们签订的合同，如果你做的是收费的工作，你就会得到报酬；如果不是，你就没有报酬。就是如此简单。

在咨询公司向客户收取的费用中，可能会有25%~50%的费用会以劳务费的形式支付给你。一般来说，通常你不会和咨询公司讨论向客户收取多少具体费用，你要做的是和咨询公司协商出一个双方可以接受的项目提成比例。

这就意味着，假定你与咨询公司商定的劳务费比例是25%~50%，如果咨询公司每天向客户收取2000美元的费用，那么你每天就可以获得500~1000美元的酬劳；如果他们每天按3500美元的金额向客户收费，你就能期望每天拿到875到1750美元；如果他们每天按5000美元的金额向客户收费，那么你每天会拿到1250~2500美元。以此类推。

当然，你必须负担自己企业的开支，如工资、保险、税费等，从你的收入中减去这些开支，你的实际净收益就会减少。这就是为什么你如果要建立自己的企业，就要对收入和开支进行规划，可能你会需要一个合适的会计人员。现在，你考虑的不再是自己的"工资"，而是必须像老板一样考虑你的利润和现金流。

例如，如果每天赚1200美元就能让你很开心，而又正好有一家咨询公司愿意花这么多钱雇用你为他们的客户服务，那么恭喜你！你获得了一个成功的咨询外包项目，但有一件重要的事你要清楚，那就是你感到满意的那份酬劳与咨询公司为你的服务向客户收取的费用没有直接关系。事实上，你可能永远都不知道咨询公司向客户收取的具体费用是多少。如果咨询公司在支付完你的服务费后对他们能获得的利润感到满意，他们会与你签约。不管他们向客户收取 2250 美元还是 4250 美元的服务费，如果你对每天 1200 美元的收入感到满意，那么这就是一个巨大的双赢！

这里的数字只是一个例子，旨在帮助你了解不同咨询事业模式之间的差异。与其沉迷于这些例子，不如考虑一下每天赚多少钱能让你满意。

模式 3: 成立个体咨询公司

在这种模式下，你拥有自己的咨询公司，也有属于自己的客户。好消息是，你向客户收取的咨询费会全部以收入归自己所有。这对你来说是个极好的消息。

但坏消息是，你现在要负责所有与寻找客户和获得合同相关的事情，以确保你能继续留在这个行业。经常会发生的事是，当完成了一个客户的咨询项目，然后你就没有后续的工作可做了——每周或每月你的收入可能像坐过山车，有时达到高点享受"收入盛宴"，有时可能跌入低谷忍受"收入饥荒"。

你承担了这些额外的风险和责任，回报是你最终能为你的企业带来更高的利润，并且你是可以决定收费高低的！在这一点上，个体咨询公司有时比大的集团型公司更有优势，因为不用承担像大公司那样巨大的日常费，它们可以接受较低的报价。当然，反过来说，大公司有更大的资源库可以用来满足客户的更多需求。如果你的客户认为你没有足够的能力来满足他们的需求，那大公司的丰富资源对你的客户来说就变得很重要了，他们会转向这些大公司。

模式 4：设立拥有雇员或外包商的咨询公司

这种模式下，你能获得最高的收入，因为你不仅向客户收取的费用全部归你，而且你的团队中还有其他的咨询顾问作为雇员或外包商，他们提供服务获得的收入也归你支配。这意味着你可以在他们从客户收取的费用中抽取一定比例（50%~90%，取决于我们之前描述过的各种因素）。

这是一种更复杂的企业模型，这意味着你将需要一些合适的基础设施来管理资源、给客户开发票，以及支付团队的工资（如果他们是雇员的话），或者支付他们的分成（如果他们是外包商的话）。

对你来说绝对最好的消息是，如果你有一个用你的方式方法充分培训和打磨过的团队，他们具备和你一样的咨询能力，那么你就可以同时与多个客户合作，承接更多的咨询项目。这会真正成为你事业成长的起点！

在了解了不同商业模式的特点和收入情况后，你需要花点时间来消化一下，想一下以你如今的经验和资源，哪种模式最适合你。你是否已经是一个公司的雇员（模式1），现在准备好创建自己的企业了吗？你是准备直接跨入模式4，还是担心这样做会失败？

现实情况是，混合模式更加具有实际意义，而且你选择的模式随着时间的推移可能还会发生变化。

咨询公司的发展历程

让我们通过皮特的故事来思考这些决策的意义，在这个故事里随时间的推移皮特的员工和客户都在不断增加。

皮特是这样讲的：

在我从事咨询工作的早期阶段，我经营着一家只有我一个人的公司，我要负责所有的事情，包括各项工作的交付和所有的管理任务。我会和潜在客户沟通，撰写提案，飞到客户所在地指导项目并完成工作，然后给客户开发票，还要管理好办公室的种种工作。我有非常多的工作要做，尤其是当我的客户数量不止一个的时候。

然后发生的一件事情让我有了一种改变游戏规则的意识——完成咨询工作后我需要给客户开具发票，这样他们就可以开一张支票来支付我所做的工作的报酬。而这么重要的工作我居然让它在待办事项清单上停留了超过一个星期。这与我对客户的要求正好相反，我总是希望他们及时付款，但是我没能管理好我的现金流。

这就是我雇用第一位员工的原因。她每周和我一起工作几个小时，只是为了帮助我更快地完成待办清单上的行政工作。这样一来，我可以在极短的时间内完成发票开具、清算等工作，我的资金循环周期也由此缩短了不少。这也意味着，有人可以帮我跟进完成工作，而这是当我独自一人的时候所没有的。

当我开始把外包商拉进来协助我和我的客户时，我也有过类似的经历。首先，我会让外包商加入我的项目，这样客户就可以同时了解我们两个。等再过一段时间，我就会轻松地离开，然后让外包商在没有我的情况下完成工作。这为我创造了更多的自由，我可以去与其他客户洽谈项目，或选择与家人共度美好时光。当我的工作和生活的平衡被打乱时，这种做法让我的工作和生活重归平衡，让我保持清醒的状态。这样的工作方式物有所值。

这个故事的另一次波折发生在我雇用第一个全职咨询顾问的时候。那时候我有两个客户的提案要做，并且两份看起来都像是至少需要三位顾问的七位数大订单。选择雇用一名员工而不是单纯地依靠外包商是非常合情合理的选择，对吧？

你猜怎么着？由于各种原因，这两份合同没有一份签成。企业内部的变化是非常难预测的。一方面，他们的收入在下降，所以他们不得不立刻削减成本和可自由支配的开支。这意味着他们原本计划的一些工作将无法获得资金支持，咨询服务就被从他们的计划中划掉了。另一方面，客户决定尝试在没有任何外部支持的情况下推动项目进程。（后来我了解到，他们确实得到了一些预期的改进，只是不如有咨询公司帮助时那么快。）

现在，我有一位全职员工开始和我一起工作，我们都很兴奋可以开展长期的咨询工作。我不得不告诉大家的是，我们不仅没有得到那两个新客户，而且我的资金周转也不太顺畅，每个月发工资也变得很艰难。我和我的员工谈了这些情况，那的确是一次可怕的谈话。

好消息是我坚持了下来，那位员工也坚持了下来，我们挺过了那场风暴。现在，我的团队变成了两个人，又来了一个人全力以赴帮助我推动企业发展，开发新的客户业务。我们尽可能快地跟踪每一条业务线索，最大化开发客户资源。几年后的今天，那名员工已经成了我咨询公司的总裁。

从皮特的故事中，我们可以看到，坚持自己对公司的憧憬，你会得到巨大的回报。皮特本可以不承担巨大的压力，以一个人的公司的形式来保持低成本的运作，但这样做也将阻碍公司获得大幅提升效益的机会。

可以看到，你能够自由选择各种企业模式。你也许会意识到，与自己寻找客户相比，作为外包商与他人签订外包合同来获得业务能给你更大的自由度和灵活性（模式2）。当和客户确认了合作关系之后，你既可以选择自己完成这份工作，也可以引进一个外包商来代替你完成这个工作（模式4）。而当一个项目完成后，你又可以灵活选择接下来的工作模式，你可以独立完成自己的下一个客户的咨询工作（模式3），也继续寻找外包的咨询工作（模式2）。

泰瑞的故事与皮特有些不同，她的分享是这样的：

我创立了自己的公司，并且我以为只有我在做咨询工作。很快，我发现我无法事无巨细地处理好那些大型的咨询合同，我需要一些外部援助，同时我还需要有能在我并不擅长的领域中有一定专长的人加入我的团队。起初，我找了一个商业伙伴，但之后我很快就意识到，对我来说，只是有一个合作伙伴而不是能全权处理事务的决策者并不能帮助到我。

于是我们解除了合作关系，在许多专业咨询领域雇用独立的外包商来与我的团队和我的公司一起工作。我不断开发与他们的专业能力相匹配的咨询项目，于是当我有一群顾问可以随时开始咨询工作时，我就能够接手更多的项目。随着时间的推移，我能够使公司的规模进一步发展，并且我们在全球参与了许多项目。然而，我并不喜欢同时进行这么多的咨询工作，因为我觉得我的公司只需要少量的咨询师，但实际上，我们公司的咨询师数量却在不断增长。我觉得如果更少的人在我的公司工作，我可以更好地保证工作的质量、价值和服务水准。于是在过去的一年里，我裁减了我们咨询团队的规模，只剩下了少数我能找到的最高水平的顾问和所有的独立外包商，并且我们只做我们最擅长和最适合我们的工作。通过这样做，我们得到了客户的高度评价、极力推荐，成为被研究的典型，我们的企业也已经变成了"被推荐"企业。这对我来说真的很有用。

正如你所看到的，皮特和泰瑞通过他们不同的经历和经验向我们作了阐释：作为一个顾问，你可以选择你的商业模式并且可以随着时间的推移去改变它。

你要做的下一个决策是决定哪些专业领域是你的咨询公司想要发展的重点。下面就让我们来深入讨论这个问题。

第二节　宣扬专业定位

每个顾问都有一个或多个特定的擅长领域，他们将其作为自己的专长。如果你手下有一群这样的顾问，这是一件好事。但是你要注意，这种顾问也不能太多，不然你的企业在各个领域都擅长，就会显得业务分散，没有聚焦的领域，这也有可能会使你的潜在客户感到困惑，因为他们不知道你最擅长的是哪一方面的咨询，就会犹豫要不要与你合作。

想象一下，世界上的每个人都确切地知道你是谁，你是什么领域的专家，以及你能为公司解决什么样的问题，因此所有遇到那些问题的人都会知道，你和你的咨询公司就是他们要找的最佳帮手。

你希望为你提供的特定类型咨询项目在市场上创造出更多需求，这就是你宣扬自己的专业定位，发挥专业聚焦优势的意义所在。

关于宣扬专业定位的另一个好处就是你将会变得更加专业。因为你会投入更多的时间、精力来研究客户在你的专业领域中所面临的不同挑战，并且竭尽全力地去争取这一领域的客户。这样你会拿到大量的这类项目，从而加深、丰富你在这一领域的经验。通过这些经验的积累，你现在掌握了更多的实际案例，因此你可以从中借鉴许多东西来写成博客或文章，也可以进行演讲，甚至你还可以写一两本书。所有的这一切又都促使客户更加认同你的专家身份，因此对你来说，这会是一个非常良性的循环。

如何选择自己的专业领域

一般来说，你可以成为特定行业、职能领域或特定流程的专家。你还可以在每个领域中拥有多种专业知识，并且可以将这些专业知识交叉融会贯通至每个领域。现在就让我们来讨论一下各种可能性：

行　业

要想成为某一行业的知名专家，在该行业拥有真正的经验是很有帮助的。也许你在汽车行业、造纸行业或零售业有着20年的职业生涯经历。又或者，如果你在某个行业有很多的咨询客户，那么你一定会了解到这个行业的细节。例如，泰瑞住在费城市区，而费城市区是许多制药公司的所在地，因此在她的职业生涯中会有很多的制药企业客户，所以她可以宣称制药行业是她擅长的行业。

职能领域

想想企业中诸如市场营销、销售、运营、客户服务、财务、工程，等等的不同职能领域。每一个职能领域都有细分领域。例如，工程可能包括产品设计、制造工程、研发、测试等；市场营销可能包含了营销传播、市场调研、网络营销、社交媒体营销以及产品开发等；而运营则可以包括供应链、采购、规划、调度、制造、分销、运输等。

你有哪些领域的专业知识？也许你的职业生涯是从作为一名支持新产品开发的工程师开始的，然后转到为新产品的生产设计生产线设备。你会成为一名制造工程师，最后，可能晋升为生产经理。你可能对产品设计有一些独特的看法，尤其是在通过产品设计来降低产品的制造成本上有独到之处，因为在你的职业生涯中一直都在承担这方面的责任，而且非常擅长处理这个问题。

一些咨询公司会专注于一个领域，例如一家公司会作为工程咨询公司而在行业内闻名。其他公司可能业务领域更宽泛，但他们也会有在专门领域的资深顾问专家。

流　程

拥有流程方面的专业知识意味着你知道这些方面是如何运作的。例如，掌握引导技巧就能更好地帮助项目团队获得该领域的专业知识。有许多顾问都十分擅长引导改善活动的进行，这是推行精益原则和短时集中精力解决问题的一个过程。

流程专家知道实现某个目标的具体方法。由于他们之前已经多次使用过这种方法了，所以他们掌握得十分熟练，夸张一点说就是闭着眼睛都能做到。对于咨询来说，行业或职能真的不是最重要的，因为只要流程的基本原则没有出错，要做的只是根据具体情况去应用这些原则。例如，某个精通改善活动的顾问可能拥有在汽车制造方面实施改善活动的经验，他也可以将同样的方法应用到保险公司的理赔流程中，或任何其他行业的其他职能领域中。

思考在过去你成功推动一些企业流程实现巨大改善的独特方法。你是怎么做到的？你能把那个方法变成你的专属方法，使你的方式变得与众不同吗？对了，你能给这个让你成名的方式取一个很酷的名字吗？

现身说法——选择专业领域的案例

皮特在麦肯锡公司的时候有很多零售客户项目，这是因为他在供应链和配送中心这些领域都有相应的专业知识。当在线模公司工作的时候，他还负责了一段时间的配送工作。除了包括配送在内的客户工作之外，他还撰写了许多有关配送中心的内部文档，特别是他将精益原则应用到了配送链，以及阐释了配送链和供应链在一个充分贯彻精益原则的企业中所扮演的角色。皮特是公司内部供应链培训的首席讲师之一，这也进一步促使他成为该领域的专家。事实上，在他离开麦肯锡多年之后，麦肯锡的顾问仍会给他打电话，就一些具体的配送和供应链项目向皮特征求意见。这让我们很容易理解为什么能凭借作为某一领域的专家而扬名业界。

我们来看关于皮特的另一个例子。

当皮特还经营着只有自己一个人的公司时，他已经厌倦了仅仅为客户提供推动改善活动的咨询工作。他想在一个更高的战略层面上大展拳脚。

皮特有一些关于方针管理的经验，这是一个可以确保公司的战略目标在整体上把握住了正确的重点和优先应当考虑的事，以确保公司目标能够实现的过程策略，而皮特宣称自己正是这方面的专家。他开始写关于这个话题的文章，做方针管理方面的演讲，并很快成为一家中型咨询公司——乔治集团的外部顾问。他将方针管理的原则传授给了乔治集团的咨询顾问们，给他们的客户提供这方面的建议。这给他提供了更多的案例研究和经验来写更多的文章。一家市值260亿美元的公司的战略团队在《工业周刊》上阅读了皮特的一篇文章，然后他们请求皮特来帮助他们在公司中推行这一进程。至此，皮特对这一项专业技能宣传的效果达到了顶峰。将自己设定为某方面的专家，能有效吸引特定领域需要帮助的客户。

泰瑞在市场营销、销售和领导力等方面为很多公司提供了帮助，因为她在这些领域是知名专家，而这就是她曾在美国的公司中所扮演的角色。在康复医学领域工作期间，她一直在做主旨演讲以及撰写论文和文章。当泰瑞开始写书并在自己的咨询企业的各个场合发表演讲时，她意识到市场十分需要她的软领导能力和人际发展能力。作为一名专业从事组织行为领域咨询的教练和临床心理学家，泰瑞很快意识到了市场需要她。于是她把自己公司的业务重心进行了转移，开始向市场提供自己擅长领域的知识和经验，她的企业也因此迅速成长。

如何快速定位业务领域

如果你不确定自己最擅长的领域是什么，那就来做这个快速练习。首先，从关注别人问你的问题开始：他们在哪些方面寻求帮助？寻求什么类型的帮助？这些帮助是关于哪些领域的？这些问题会给你一个线索。

其次，你要回答：你完全确定自己精通的领域是哪些？你在这些领域的哪些方面最擅长？

最后，问问自己：你最喜欢什么？或者，如果你没法确定自己最喜欢什么，那你知道自己最不喜欢什么吗？

从这三份答案清单中整理出结果，然后把那些有人向你寻求帮助的领域，你知道自己是专家的领域，以及你会继续热爱做一类工作的领域按优先顺序进行排列。一旦你对外宣称这些领域是你的工作范畴，那么很快就会有客户来找你，与你在相关领域签订咨询项目合同，这时你就不能再说自己讨厌这种类型的项目，否则你就会开始讨厌你所做的咨询工作！

在适合你的职业中变得富有

在这里，事情会变得非常令你兴奋。如果你专门从事某一行业，并且是该行业特定职能领域的专业顾问，那该怎么办？如果你有一些专有的流程，能帮助自己得到显著提升，以别人无法做到的方式产生巨大的价值，会发生什么？你能想象，一旦人们说到一个词，就自然而然地认为你是这个领域的绝对权威吗？

例如，20世纪90年代初，乔·波兰的地毯清洁企业陷入了困境。而后他领悟了这个领域的精髓，于是他的生意得到了井喷式的发展。根据他的研究成果，他开始教其他地毯清洗公司如何推销自己和发展企业。这是一个有利可图的市场——对地毯清洁工进行营销培训。如今，建立了"天才网络"的波兰为诸如理查德·布兰森爵士、"为生活健身"的比尔·菲利普斯以及蒂姆·费利斯等这样的人提供建议。现在，这种一个行业和一种职能的交叉点的市场将带来巨大的成功。

泰瑞是一名游击营销[①]专家，他已经写了很多关于这个主题的书，其中一本是为水疗中心写的，而另一本则是为美容院写的。这是一个可以应用于不同行业的流程性专业知识。很明显，她还在继续运用游击营销技巧来帮助其他公司解决问题。

皮特的公司在运营和战略执行方面有着丰富的经验，并且他掌握了一些专有的方式来帮助客户进行企业转型。这意味着职能与流程专业知识的交集！你是不是开始有些明白了？

现在让我们帮助你对你的方式做出一些选择。

---

① "游击营销"的理念是由美国营销专家首创，原本是教导中小企业如何用微薄的营销预算"以小搏大"，吸引消费者目光的方法，许多大型企业也摆脱传统的营销方法，开始采用游击营销。它的主要目标是通过与受众建立独特、长久的联系来确立自己的品牌，所以一般不进行以价格为主要驱动力、以短期内提升销量为主要目的的终端促销行为。游击营销注重与消费者建立个性化的联系，大多不借助单向的、被动式的传统传播媒介，而是采用具有互动性的传播路径，强调体验，营销费用低。

第三节 处理客户企业的方法

客户和咨询顾问之间合作会有许多不同的类型。客户可能会雇用你在几次会议上提供咨询服务，也可能需要你给予几天或几周的帮助，又或者他们可能会连续九个月每周都带着你来推进一些流程。你可能被雇来评估特定的问题，并确定关于他们解决问题的需求。他们可能会要求你帮助他们制定一个新的战略，然后协助他们实施这个战略。他们可以要求你为他们设计和推行一个特定的项目。当客户需要解决一些特定问题或引入关键资源时，他们有时就会雇用咨询顾问以在短期内增加人手。

想想你想要做什么样的咨询。你可能想要将你的咨询公司打造成领导力评估工作或其他类型商业评估工作的首选公司。你还需要决定，是主攻所有大的、长期的项目还是更愿意每个月同时与多个小客户打交道。要知道两者之间会有差距。

同样的，你也需要考虑，你是想和高级管理团队一起解决他们最大的战略问题，还是想在组织内做一些更基础的工作来帮助经理和他们的团队执行项目和解决方案。一些擅长与高层领导共事的人与一线员工的关系不太好，而一些擅长项目执行的人又无法与高管进行有凝聚力的讨论。认清你的能力以及作为咨询顾问你想要去施展自己的地方。

三个基本方法

对于设定咨询顾问的角色以及如何与客户互动有着不同的方法。这里有三个基本方法，它们是：仅提供咨询服务，和你一起做，为你做。

仅提供咨询服务指顾问向客户分享专业知识或告诉客户该做什么，然后，他（她）就让客户来执行这些策略。

使用"和你一起做"方法，客户与咨询顾问一起参与约定的服务内容，并最终得到满意的结果。这里面包含一个培训元素，咨询顾问可以在其中向客户和客户的团队成员传授流程改进的原则，然后帮助他们运用这些原则。

"为你做"正如它字面的意思所表达的，咨询顾问为客户完成他们不想做或者做不到的工作。

下面详细讲解一下这三种方法。

仅提供咨询服务

仅仅作为咨询顾问的角色提供咨询服务对顾问来说比较轻松，因为客户需要承担实际工作的负担。担任顾问职位的咨询师可以与客户的首席执行官每季度进行一次面对面的会谈，每次一天，双方也会定期互通电话。顾问也可以为客户的项目团队提供咨询，与他们进行面对面的会议沟通或互通电话。

咨询顾问和客户就想法、问题、挑战等话题进行交流，咨询顾问会分享他的观点和理念，这可能有助于解决问题、确定具体的实施策略，然后给客户提供具体的行动步骤。在仅提供咨询服务的模式下，咨询顾问可以利用一些指导技巧来帮助客户自己找到答案，但是他们需要确保自己的建议在某种程度上是具备指导性的。

当没有太多的顾问时间可以分配给客户时，这种方法是合适的。例如，如果他们连续六个月，每月都抽出两天的时间提供现场的咨询支持，那么在这段时间里，顾问除了扮演建议者的角色外，就很难再做其他事情了。咨询业务的目标可能更多地与顾问在客户团队中花时间与谁打交道有关，而不是与运营或财务指标的具体变化有关。话虽如此，咨询顾问可能也会对一些能明显改善运营和财务指标的措施起着决定性作用。他们需要指导客户实际应当做什么，因为客户才是做这些事的人。咨询师在这个过程中可以通过建立一种考勤打卡的方式来促使客户负起责任，因为最终还是要由客户来完成工作。

在你完成了一些其他的长期项目，和客户建立了良好的关系之后，仅仅提供咨询服务这种工作方式对你来说也许是一个值得考虑的合理选择。你了解客户，并且他们也了解你。你已经与他们建立了融洽和信任的关系。他们知道你可以为他们带去价值并帮助他们。他们只是需要你更多一点的支持以确保他们能保持在正确的轨道上前进。

在很长一段时间里，这会是一个很好的合作模式。你可以将这种合作模式直接体现到与客户的合同协议中，这样客户就会知道，在一个主要项目的主要组成部分结束后，他们仍然可以向你或你的团队寻求支持，帮助他们保持在正确的轨道上，并解答他们的问题。

美国统计学家爱德华·戴明博士就是一个著名的顾问角色例子。他在"二战"期间改变了生产的方法论，将其作为统计质量控制方法，帮助美国制造工厂创造了高生产率和提高了产品质量水平。戴明也因在日本教授这些相同的原则而受到赞美，这些原则也衍生出很多今天著名的生产理论如丰田生产系统和六西格玛的原则。20世纪90年代初，皮特在戴明博士的指导下学习。戴明博士在纽约大学斯特恩商学院上的课是在周一下午开的，因为他住在华盛顿，他每周一早上通勤，而在周二到周五他都会为客户提供咨询。

和你一起做

"和你一起做"的模式是一种你与客户资源并肩战斗的模式。它可以很好地应用于在企业经营和财务改进上有许多可交付成果的长期项目。在任何需要改进内部流程和提高员工认同的项目上,"和你一起做"的模式都是合适的。变更管理比许多人意识到的要复杂得多,它需要在新的流程中对人员进行新的培训,提供额外的便利来获得认可和支持,以及通过额外的跟进来确保流程的变更是有效的。

当公司需要注入大量新原则时,"和你一起做"是最好的方式,因为除了你提供的非正式训练和指导之外,你还需要提供正式的培训来帮助公司完成转变。

"和你一起做"模式下,最理想的情况是客户提供的资源具有明确的分工来配合你。你需要让客户一方的执行发起人来确定谁将为客户的团队提供支持,谁是在管理实施策略上与咨询顾问进行沟通的负责人。你将确定许多不同的项目团队来负责策略的不同元素,并对结果享有所有权。你将会有团队领导,也可能是内部调解人,以及明确的团队成员——所有这些都是你咨询项目的一种扩展。

为你做

当客户想要得到结果,但没有时间或专门知识来获得结果时,"为你做"是一种合适的模式。你可能有很扎实的专业知识,因此客户会希望你加入他们,帮他们做分析,并分享你的建议,然后你离开的时候把待办事项列表留给他们。而有些时候,你会不断地被要求产出成果,因为客户相信你能出色地完成工作并创造价值——他们的员工中目前还没有人能胜任这个角色。

皮特在麦肯锡的时候参与了许多项目,在这些项目中咨询团队会对客户当前的进程进行一系列的观察以及分析,依据这些内容进行更大的战略制定活动。客户需要提供信息和回答问题，但他们真的不具备专业知识去做顾问做的工作。这是一种知识上的差距，有时也是能力上的差距。

泰瑞有很多客户，她只是简单地帮他们在脸书上进行市场营销。她有一些非常有效的专有方法，如果客户想要在这方面取得好效果，泰瑞的团队会帮他们实现。

虚拟咨询与传统咨询

如果你只熟悉那些在现场与客户进行培训、教学、协助和支持的咨询师，你发散思维去想，就会意识到有些咨询师从未离开过他们的家庭办公室。同样的，如果你是一个整天穿着牛仔裤和拖鞋在电话里与你的客户进行远程交谈和提供帮助的顾问，你可能会惊讶地发现，有一些顾问会冒险到野外去拜访他们的客户。

传统的模式是做一个现场顾问，亲自拜访并给客户提供帮助。现实情况是，客户需要大量的人手来为他们提供支持，而与客户一起工作可能是你主要的咨询方法。然而，在当今世界，随着技术的日益进步，越来越多的咨询顾问正在建立一种不用出差就能找到客户的企业。而且，即使你更喜欢传统的咨询模式，你也可能有机会去与更多远程客户合作。你必须决定你想要成为哪种类型的顾问——可能是其中一种，也可能两者兼而有之。毕竟生活并不总是非此即彼——它可以兼而有之。

对于那些遵循传统模式通过出差与客户接触的"道路勇士"顾问来说（这可能会是你要经历的一个过程），要认识到大量出差的利弊。你会离家很远；你住在旅馆里；需要在飞机上睡觉。你的客户可能会在不同的地方，如果你的家在美国东海岸，向你寻求帮助的客户恰好在西海岸，他们希望你第二天能亲自去那里开会，你猜怎么着？这意味着你需要跳上飞机，然后租车，住旅馆，并且为了满足他们的需求牺牲大量的睡眠时间。

皮特已经有过乘坐夜间航班飞往巴西或欧洲的经历，一下飞机他就得迅速离开机场，直奔客户那里，再一天工作12~16小时，然后第二天早上他又必须坐上飞机到下一个客户所在的地方。这不是吹嘘，这是一个警示，因为这也可能发生在你的咨询生涯中。这样做的好处是，你可以赚很多钱，还可以获得很多航空里程和酒店积分；而不利的一面是，这种形式的出行可能会损害一个人的健康和幸福，甚至可能给你的人际关系带去困扰。

当你在现场时，你可能会与高级管理人员一起工作，或者你可能与负责你要改进的流程经理、主管和工作团队一起工作。这意味着你可以穿西装打领带，你可能在一个穿着商务休闲装或牛仔裤，卷着袖子，手里拿着活动挂图、马克笔以及便利贴的环境中工作，你的工作团队在积极地处理和解决问题。

你可能会发现你去那里是为了安排一到两天的会议，也可能是进行一到两周的诊断，或者在那里待上几个星期来为实施你提出的各种策略保驾护航。事实上，对于较大的咨询项目，团队中除了你，可能还会有很多人。随着你的企业增长，甚至可能在合同确定之后不是由你开展工作，而是你的团队在现场开展工作。

泰瑞现在大部分的工作都是在虚拟环境下进行的。她和她的团队使用网络研讨会、电话会议和视频会议进行沟通，因此他们也就不再需要到处跑了。

皮特主要依靠他的团队在现场进行必要的工作，但是对于一些诊断性的和重要的进度复盘讨论，他是可以使用虚拟咨询模式的。

你可以远程提供咨询服务，而不必离开你的家庭办公室。有了今天的技术，你很容易想到视频电话、语音通信或其他视频会议的形式，利用这些手段你可以交流、分享你的内容、讨论问题以及帮助客户解决问题，而无须亲自去现场。由于咨询很大程度上是关于解决问题的工作，所以如果你能在远程工作时找到一种有效的方法来解决客户的问题，给他们提供可靠的支持，那么你就会拥有一个能很好平衡工作和生活的持久且成功的职业生涯。

尽量从一开始就讨论和介绍虚拟会议的概念，并将其应用到你的咨询方法之中。这将有助于改善你的生活方式，降低你跑现场的次数，并且这可能也会让你的客户感觉到更加灵活方便。

想想看，如果你有一个拥有多个办公地点的大公司客户，他们可能也会让他们的员工飞到一个地点参加你正在安排的会议。但如果你的研讨会或解决问题的会议可以远程进行，你就可以同样为他们节省大量的旅费。你越早将其构建到你的企业模型中，并使客户能够以这种方式与你进行交互，随着时间推移你与他们进行有效的合作就会变得越容易。

当你在和潜在客户进行交流的时候，一定要询问他们员工的所在地，以及他们是否都到办公室办公。因为在你和客户一开始的互动里，这更容易做到，而不用等到已经开始进行合同谈判。然后，你就可以在你和客户的合同中预先把远程支持的内容加进去。职场趋势正在发生改变，而你则需要像你的客户一样去适应这种改变，特别是许多千禧一代更偏爱灵活的工作部署，并且他们的雇主也允许这种形式。

虽然咨询是一项服务性事业，但你也可以考虑将一些特殊产品添加到你的咨询服务中，比如现场培训项目或音频和视频。如果你确实有相关的产品，那么你要和你的律师谈谈版权的问题，因为这样你的产品才能得到保护。这样，当你使用你自己的知识产权为你的客户开发产品时，你希望确保你的工作会受到保护，并且明确是谁拥有这些资料的所有权。

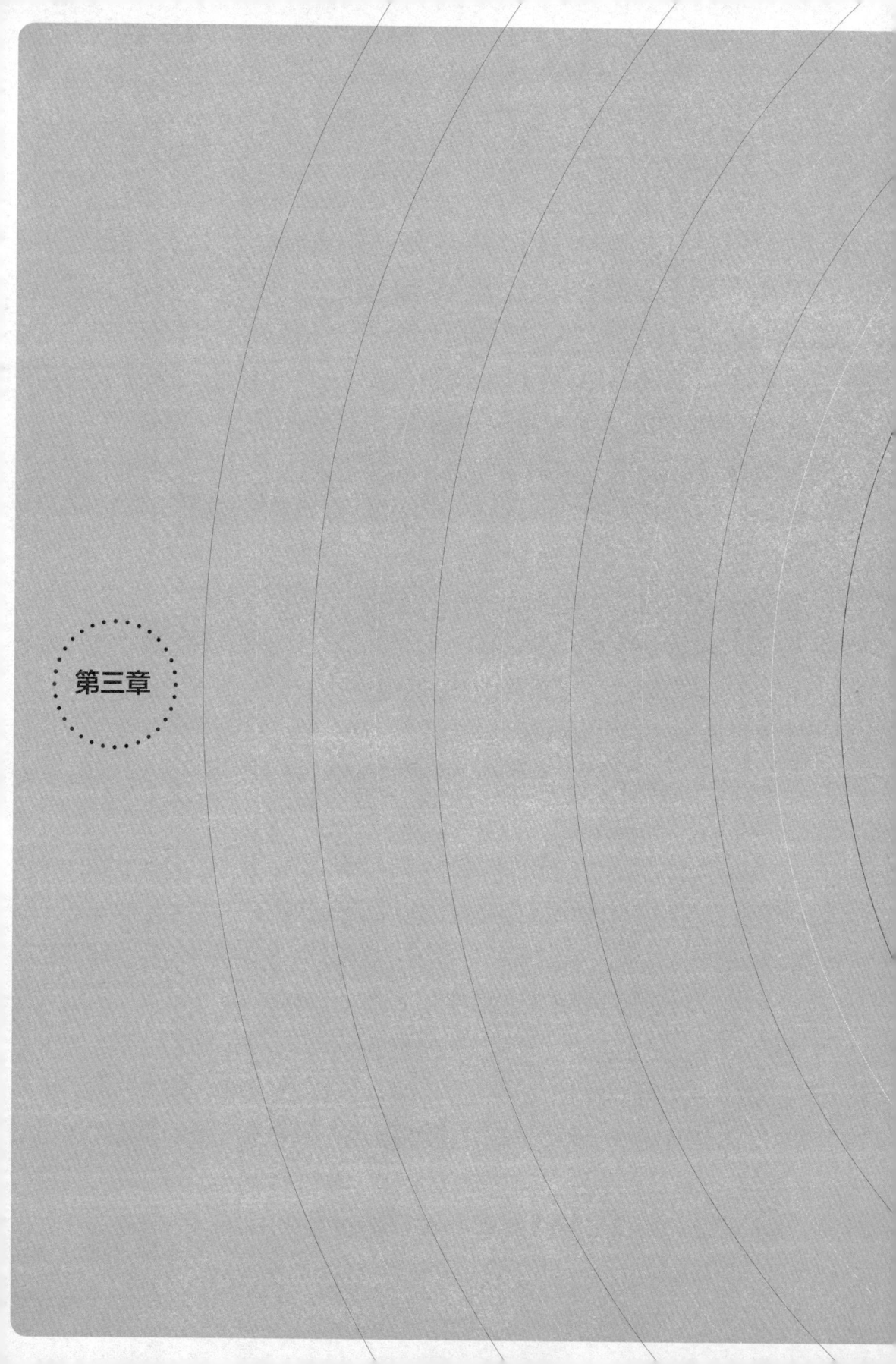

第三章

如何做强你的咨询事业

这个部分非常重要。"做强公式"是你建立企业并使你的收入和利润飙升的基础。我们使用做强公式为我们的现场研讨会构建议程，为你的咨询企业提供动力，并且我们在网络研讨会上传授它。当你回顾"做强公式"时，请考虑一下你在企业中处于什么样的位置。当你发展你的事业时，记下你将如何使用这个公式为现有客户利益服务的想法。

第一节　做强公式

当我们将我们的首届研讨会命名为"做强你的咨询事业"时，我们已经创建了"做强公式"。而这个公式就是你长期发展和商业成功的关键，因为你为客户创造了难以置信的价值，建立起了无与伦比的声誉。

这对你在咨询事业中所做的每一件事都至关重要。你总是想让你的客户觉得你已经为他们做了超越他们所要求的。重要的是，让成果来证实这一切——只要你交付了好的成果，你的客户就会喜爱你，并向所有人夸赞你。

下面是做强公式最简单的形式：

获得客户＋产生巨大影响＝更高的费用＋更多的客户

反复使用这个公式。每次当你获得更多的客户，你就可以产生大的影响，并且可以持续地看到你的费用和客户数量在增加，这意味着你的收入也将飙升！

让我们来为你拆解一下这个公式，这样你就能明白这一切是如何结合在一起的，以及它与你今天的事业是怎么联系在一起的——无论你是一个新手顾问还是经验丰富的老手，你都能知道自己在公司所处的位置。

第二节 获得客户

获得客户看上去似乎平淡无奇，但如果你是一个刚进入这个领域的新顾问，或者是一个正在推出新服务的资深专家，那么获得客户可能对你来说就不那么容易了。如果你是一名新顾问，显然你的首要工作就是找到一些客户。真正的工作马上就开始了。它不是指寻找办公场所，校对你的网页，或是设计你的名片之类的工作，而是指与真正的客户开始合作。

那你能去哪里找客户呢？也许你的一个朋友愿意让你为他们做一个项目，但这可能是因为你向他们要求的服务费远低于你真正想要的价格，即使你知道自己可以提出更高的收费要求。不过你也可能会很幸运地在正常的收费标准下获得一个客户。无论如何，你都要走出去，然后完成一个客户项目，因为你不是一个学术理论专家——你是一个解决实际问题并为客户创造巨大经济利益的咨询顾问。尽管以你的工作水准理应得到丰厚的报酬，但你仍然需要通过实打实的客户项目来证实这一点！

如果你已经按照这样的标准做了一段时间，这个公式中的步骤仍然成立。你需要"下一个"客户，这就是为什么我们会教你要一直做市场营销，用我们将在后面描述的营销工具来吸引客户。

如果你想要提供新的服务，你需要在这个领域找到你的第一个或下一个客户，就像你是一个刚入行的顾问一样。假设你在过去的五年中一直在从事战略咨询这一领域的工作并且享有良好稳定的声誉，但你从未真正为具体项目的执行提供过咨询帮助。然后，你雇用了一些擅长执行的咨询人员——如果你在项目执行这一领域没有什么建树，你认为找到愿意为执行项目支付全额费用的客户会很容易吗？赢得名誉以及完成一个模范项目是十分重要的，因为这能让你未来的客户相信你的专业能力。所以快去新的领域找一个客户，然后把他打造成你的成功案例吧。

第三节 产生巨大影响

现在你有了一个客户项目，就要考虑交付产品的事了。你必须尽一切努力来实现客户的期望。你希望他们因你带来的巨大价值而高兴地大笑。然后，当他们很开心的时候，向他们要一份推荐视频和一些推荐信。

是否产生巨大影响与价值有关。对你的客户来说，价值就是他们获得的收益超过了他们的投资。如果你为客户创造的价值超过了他们请你帮助的投入，那么你的这种历史将确保你走在正确的道路上。更好的情况是你能为客户创造更多倍的价值，比如收益的价值是他们投资的两倍、五倍甚至十倍。

当你和一个全新的客户一起工作时，你真的想让他们大吃一惊。在咨询界，第一印象意味着一切，尤其是咨询业务与和客户的关系密切相连。想想你要怎么做才有可能在每一次与客户的互动中都表现出色。

例如，如果你的新客户想在晚上给你打电话讨论企业问题，那么这可能是你能让他们感受到你能带来惊人价值的绝佳时机了。如果你已经和客户建立了良好的合作关系，但你的客户仍然在非工作时间给你打电话，那么你可以跟他一起讨论工作的界限以及你们之间应该如何合作。然而，在你们合作关系的早期，对于能帮助你的客户意识到你能提供惊人的价值的事情，尽你所能去做到最好。

如果你的一个朋友同意与你一起开展一个项目，你的收费比正常的收费低得多，那么你的新客户想要的投资收益翻倍就更容易实现。如果一个项目的收费通常是 3 万美元，但为了达成一份双赢计划，你只向他们要价 1.5 万美元（他们可以得到咨询支持，而你可以得到一个客户），那么当你给他们带来 6 万美元的回报时，投资回报率（ROI）就是 300%，而不是 100%。虽然这两个投资回报率都很高了，但是 300% 更令人印象深刻。所以当你在描述你的影响力时，在案例研究或市场营销材料中要分享那些诱人的投资回报率以及其绝对价值。

记住，对于你做成功的项目，一定要拿到一份证明来作为"社会证明"。如果你的客户愿意被录像，那就把他们对你的赞赏录制下来，这是让未来的客户了解你工作最有效的方法。想象一下，你的客户看着镜头，脸上挂着开心的微笑，发自内心且真实地讲述着你的咨询服务对他的企业的影响力，这是多么有说服力的素材啊。他们也可以写一封信，谈谈你为他们带去的成果——当然，同样是真诚地发自内心的。

最好的推荐人是对你感到满意的客户，他对你为他们所做的工作感到兴奋。当有人问他是否有值得推荐的咨询顾问可以帮助他们解决问题时，他可能会在鸡尾酒会或社交活动中想起你。然而，现实情况是，现在人们都忙得不可开交，他们可能想不起来把你推荐给别人。所以，换一种做法，你可以向他们提出这样的要求："你知道有谁可能遇到类似的商业问题，我们可以给他提供帮助吗？你愿意介绍我们认识吗？"

当有人愿意为你做介绍时，请尽量为他们提供便利，比如为他们提供一份预先写好的个人介绍，你的联系方式，以及任何其他你认为介绍自己所需的信息。一个简单的方法就是给你的客户发一封简短的感谢信，内容如下："谢谢您同意把我介绍给某某公司的某某先生或女士。为了方便，这里有一些信息您可以直接复制粘贴。您也可以按照自己的需要再进行修改。"

第四节　更高的费用

当你因为替客户创造了巨大的价值而建立起个人声誉的时候，你将发现有更多的潜在客户对你的服务感兴趣。简单的供求经济学表明，当供给不变，需求上升时，价格就会随之上升。而这种情况也会发生在你身上。

如果你已经满负荷工作了，但客户还在打电话寻求你的帮助，那么显然是时候宣布收取更高的费用了。如果价格太高，有些人会拒绝你的服务，但如果你满负荷运转，那么你完全可以这样做。举个例子来解释：如果你将收费提高一倍，而你会损失的潜在项目少于一半，那么提价将能为你的企业带来更多的收入。因为项目减半而收费加倍的话，你的总收入是和之前一样的，项目减少不到一半的话你的总收入其实是增加的。

对于设置咨询费来说，费用高低取决于你和客户的心理判断。你会根据你的价值来设定费用。如果你相信你所提供的工作每天只值1000美元，因为你只熟悉那些每天收取1000美元服务费的咨询师，那么不管你有多优秀，每天收取4000美元都会让你非常不舒服。你必须打破你内心所隐藏对自己价值的定位，这样你就不会人为地抑制自己。

你还需要确保你的客户会欣赏你的价值。如果你想要2万美元做一个5天的项目，他们会计算得出每天 4000 美元的费用。在他们弄清楚项目将带来多少价值之前，他们会不断考虑这个数字，然后可能会认为对他们来说你的咨询服务费有些过高了。一些商界领袖会用他们的年薪除以每年的工作天数，然后得出这样的结论："等一下！我每天都没有挣到那么多的钱，所以我为什么要把这些钱给别人呢？"虽然这显然是一种颠倒的思维方式，但许多商业领袖仍然认为咨询服务是一种花费，而不是一种投资。确保他们以正确的方式思考这个问题正是你的工作。

展示你价值的重担在你自己的肩上。这也就是为什么在与潜在客户的对话中使用客户案例是如此重要。这也是为什么最好你研究一下客户的流程，这样你就可以预测你的咨询服务对他们的财务影响。如果你能证明 2 万美元的投资今年将为他们带来 4 万到 6 万美元的收益，那么他们没有理由不同意。

在我们自己的企业和客户的企业中，我们一次又一次地证明，只要你能始终尽可能地发挥自己最大的影响力，"做强公式"是能持续推进企业增长，并随着时间推移帮助增加收费的最佳方式。这是一种价值主张，即客户支付你报酬，但不管你的费用有多高，你所提供的价值都是他们付给你的数倍之多。这样做的结果是，你的客户会享受一个巨大的投资回报率，并且对你的工作感到十分满意。

因为你为他们带来超高的投资回报率，所以当他们遇到挑战或有问题需要解决的时候，会继续视你为合作伙伴。当你和他们建立了基于价值的稳固关系时，他们也会征求你的建议，因为他们信任你。他们相信你的建议，相信你的观点，他们也相信你能够实现你的想法。

通常情况下，客户不具备从他们的公司、网络或已有的经验之外的角度看问题的视角。这是一个咨询顾问可以发挥其巨大价值的地方，因为一个咨询顾问会为不同的客户服务，因此，他们有机会在不同的商业环境中，与不同的行业、不同的人和不同的公司共同经历复杂多变的问题。而所有这些经验都会帮助你和你的公司成长为一个经验丰富的专家和专业公司，从而可以为你的客户带去新的思维过程、想法、原则和观点。当你能够教会他们你的原则和想法，引导他们解决所面对的最具挑战性的问题，并帮助他们提高收入，改善财务状况，他们就会永远爱上你。除了爱上你，他们还会和其他人分享他们和你一起工作的故事。这将帮助你发展你的咨询业务网。

显然，对于你的咨询企业来说，重要的不是自己获得了一个令人满意的订单，赚到了利润，你必须拥有一个更广阔的视角，而不仅仅是局限于眼前的小利。你不再是为别人工作的雇员。这是你的公司，树立的是你的名誉。因此，考虑到这一点，不管你现在的收费水平如何，对你来说，始终为你的客户带来提供影响巨大的服务是至关重要的，因为这样他们就能感受到你为他们所创造的价值。

第五节　更多的客户

交付出色工作成果和建立稳固声誉的另一个好处是，将有源源不断的潜在客户向你寻求帮助。在下一节中，我们将教你如何利用你良好的声誉来开发和使用不同的营销策略。你将成为你所在领域的专家，而那些面临挑战的公司会找到你，请求你帮他们解决那些挑战。

通过为客户提供出色的服务，你将创建你的成功故事、典型案例和推荐证明资料。随着你对事业的持续付出，你将找到直接和间接使用这些资料的方法，去获得额外的客户项目。

最好的情况是，随着你不断获得新客户，你将始终努力向客户提供高影响和超过客户预期的服务，因为你创造了惊人的价值。这将使你的声誉和成功故事的"库存"进一步增长，从而为你带来更多的客户，即使你继续提高你的服务收费。

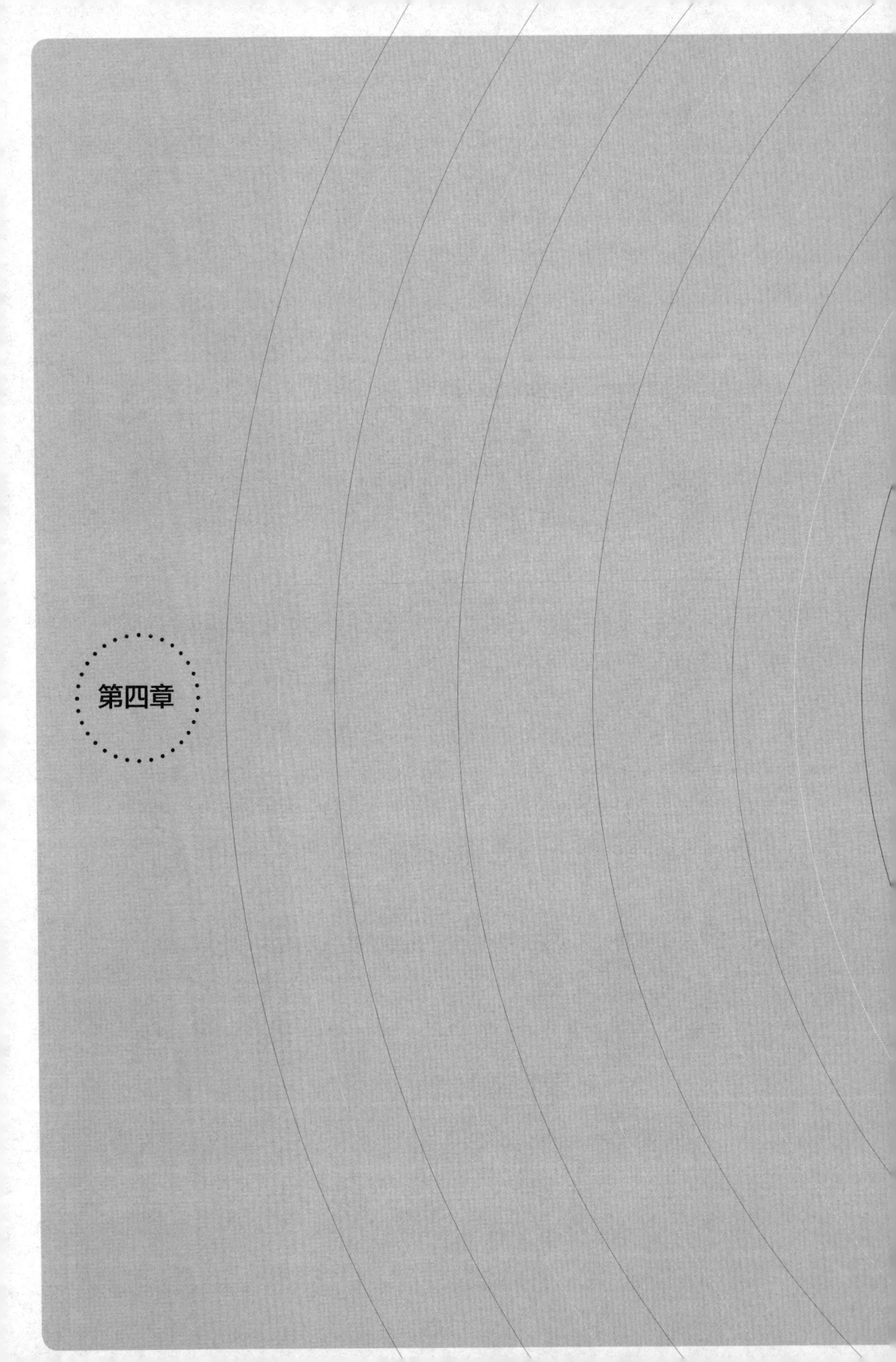

第四章

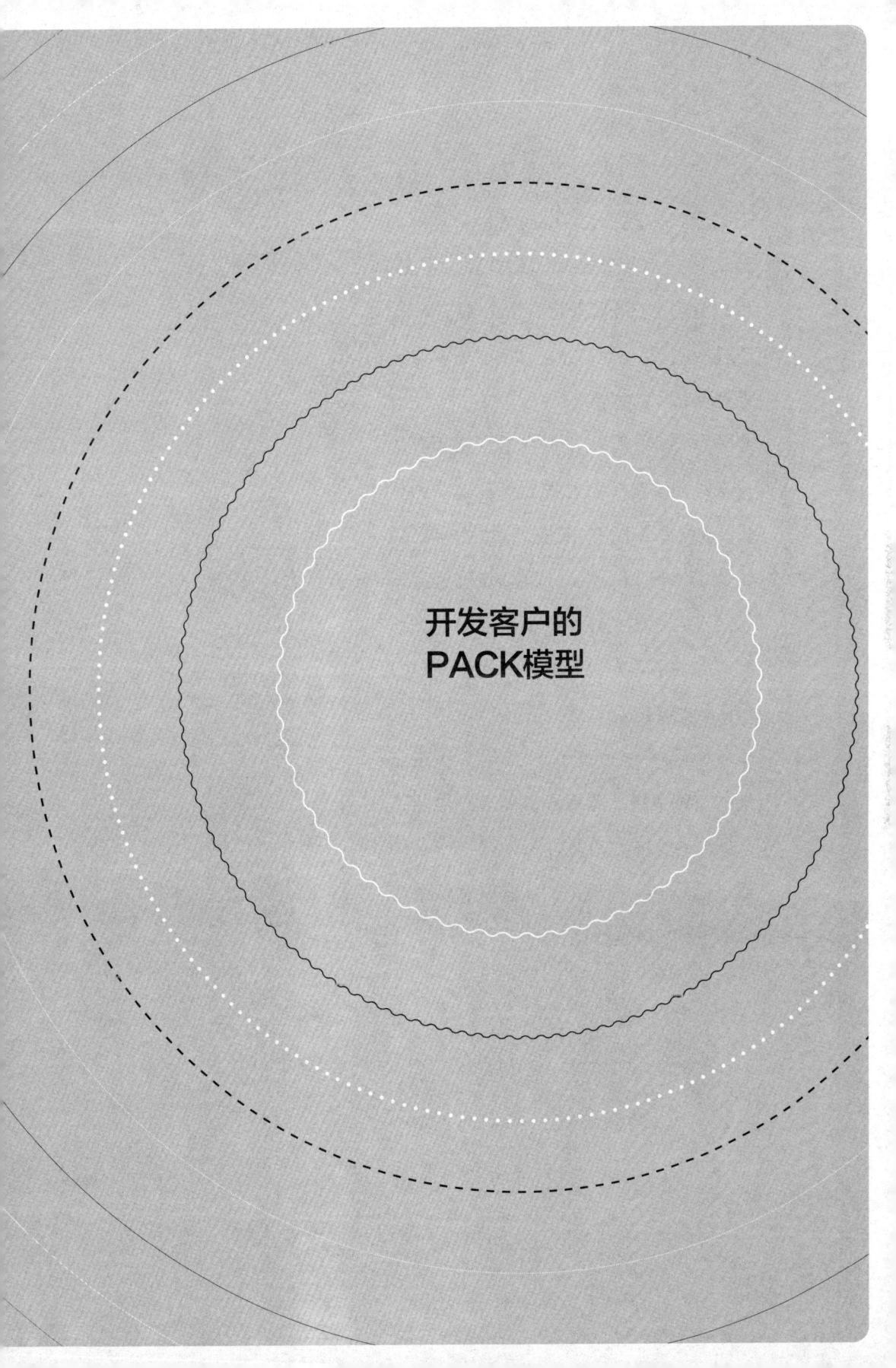

开发客户的 PACK模型

正如我们一直所说,系统性经营能够创造成功,大大节省时间和金钱。PACK模型是建立业务和开始工作的最佳方式。

P 是 Position(定位),指在市场中你能拥有什么样的独特地位。

A 是 Attract(吸引),指把客户吸引到你这来,而不是把自己推到潜在客户那里去,就像将飞蛾引向火焰,蜜蜂引向花朵。

C 是 Convert(转化),既然你已经赢得了潜在客户的关注,那么就需要他们作出成为你的客户的承诺,将他们变成自己实际的客户。

K 是 Keep(保持关系),与客户保持长期的良好关系比不断开发新客户更能带来巨大的收益。

通过运用 PACK 模型,你获取和保留客户的过程将得到简化。

第一节　明确你的定位——打造你的品牌

要想真正提升你的咨询企业，你现在必须开始考虑你的个人品牌。你的品牌就是你的公众形象——这是你在市场上的地位。品牌是你选择的身份，让你可以从所有咨询顾问中脱颖而出，然后让客户决定选择你。在打造品牌时不能只说自己很出色或是值得选择的品牌，因为没有人相信自我推销。创建一个能帮助你获得客户并建立企业的品牌的最好方法是首先明确你的目标受众是谁。然后，确定你的咨询服务比业内任何人都做得好，或者和其他的顾问相比显得与众不同，这一点很重要。

如果你能花时间去确定你提供服务的特定领域，找到你的独特之处，那么你就可以完全控制你的市场。与其推销自己，不断地寻找新客户，不如通过明确你的目标受众和你的独特性，让新客户更容易发现你。

什么是核心独特定位声明

在我们的策划中我们教客户如何创建一份核心独特的定位声明。该声明为我们的客户创建了品牌，并将他们与其他从事咨询工作的人区分开来。总有一些事情你做得不一样，而且你比其他顾问做得更好。这可能是你的一套技能或者一个特质。你应当认真考虑你给咨询客户带来的实际价值。我们所说的价值不仅仅是你为客户所做的实际工作，还包括你所做的更多、更好、更伟大的事情。创造一份你的核心独特定位声明，并将你的外在和内在价值结合起来，然后它就像一块磁铁，帮助你吸引潜在的客户。我们将这种技术称为反向营销。反向营销是指你的潜在客户会主动向你走来，并举手表示他们对你的咨询服务感兴趣，而不是你去追逐他们。一份核心独特的定位声明将成为你吸引客户的磁铁。

这样的定位将使你的咨询企业区别于其他所有的竞争对手，并使你成为你所在专业领域的首选。当我们帮助客户创建他们的核心独特定位声明时，我们会确保这份陈述对他们的目标市场有独特的价值，并且能为他们潜在客户心中最大的问题提供有用的服务。通过帮助我们的客户制定完美的定位声明，我们陈述了他们所具备的明显的且有意义的差异性，并为他们的理想目标受众定义了他们的价值所在，使他们成为所在行业的首选。

我们在他们的市场营销和品牌推广方面进行了更多的探索，以确凿的证据来证明，咨询顾问是如何得出他们在自己的核心独特定位说明中所陈述的结果。一旦我们的客户有了这句话，他们就真正地掌握了市场感知力，并在他们的咨询领域建立起了权威。正确的声明会清楚地告诉员工、投资者、潜在客户、现有客户、商业伙伴、媒体和竞争对手你的公司在做什么，从而帮助客户更容易地购买你的咨询服务。这种声明是反向营销的基础，所以请认真对待这个问题。请记住，在你的陈述中不要说任何你不能轻易证明的东西。要确信你的说法是完全基于事实的。在起草这份声明时，要关注潜在客户和已有的客户，确保它是基于流程的，并确认它没有包含令人费解的术语，同时还要确保它是原创的，不是为了炒作。

这里有一个写得不好的核心独特定位声明的例子：

我们通过我们的最佳实践咨询项目帮助企业改善了他们的企业结果。

进行修订后，提升版的声明是这样的：

我们是唯一使用专有Azuma方法来完善探访病人和您基本保障的牙科咨询公司。

创新的定位传达了以客户为中心的意思，并将你的咨询与潜在客户正在寻找的真正利益区分开来——这也表明了你是能为他们提供解决方案的人——因此将会有客户主动来找你并要求你为他们提供服务。创建你的声明，首先想想你的目标受众正在面临或即将面临的那些新问题。你要学会利用市场趋势。你的潜在客户在现在或不久的将来可能会面临什么样的威胁？你的商业咨询的核心竞争力将如何帮助你的潜在客户？当你在制定你的核心独特定位声明时，请将这些问题的答案记在心里。

为了有效地营销，你必须知道你解决了哪些问题，以及你为哪些目标受众解决了这些问题。你还必须了解你的细分市场以及他们是如何购买咨询服务的。我们让我们的咨询行业客户去了解他们的潜在客户是如何购买产品的，会听取谁的意见，并找出客户所追求的利益点。然后我们的客户就能以其独特的差异性和特征，利用其定位策略来获得目标受众的关注。

最好不要把这项工作交给别人，不要让他们代你写这个声明。如果你确实需要帮助，最好雇用一个有着丰富经验的人来帮助你构思你的声明，因为这是关于你所有营销能否成功的关键。记住，这是一份动态的声明。随着你的事业发展和改变，你的核心独特定位声明也会随之改变。

创建你的核心独特定位声明

- 你的专长是什么？
- 你是哪方面的专家？
- 你会理所当然并自动去做的事是什么？
- 对你来说，什么会显得很容易？
- 你的生活经验是如何转化为你的专业知识的？
- 你的专长是什么，你将如何在商业环境中去运用它们？

另外，为了阐明你的专业知识，回顾你每年的生活，然后问自己："这几十年我都享受到了什么？"请注意答案涉及哪些内容，将这几十年联系在一起的内容有哪些。还有，让你认识的人看看你的笔记，并问问他们看到了什么联系。

接下来的问题是：市场对你的要求是什么？我们的编辑会在写作方面对一些人进行指导，在被问到"你是做什么的"，她回答说："我是作家。"一般人们会这样回答她："我一直想写一些东西。"因为她注意到了市场的需求，近二十年来，她一直在指导那些立志成为作家的人。

整合你的核心独特定位声明

一旦你有了这样一份声明，你需要把它融入你所有的营销之中。通过分享你的身份信息，在公司网站、信笺、名片、演示PPT模板、宣传册、传单或其他资料中统一体现你的核心独特定位，向世界展示你的品牌。

你的品牌是基于这份声明而建立的，这会成为你的公众视野中的形象。在你发布任何信息之前，都要花点时间来制定你的核心独特定位声明，然后在你所有的市场营销活动中都统一使用这份声明，这样你就有了统一的品牌形象来向公众传达你的信息。你所呈现的一切都必须与你的声明保持一致,如电子邮件的签名和语音邮件的信息。公众能通过你核心独特的定位声明了解你的公司,知道你会如何帮助他们,以及你与其他顾问的区别在哪里。这将帮助你在市场内外都能确立一个有利的定位。你的定位必须非常清晰明了,这样你的潜在客户就能马上判断,他们是否愿意与像你这样在业界受尊敬的权威人士合作。了解了你的定位和品牌形象,潜在客户会形成一种评价你的方式,知道你可以如何帮助他们,以及为什么你要帮助他们,然后他们会采取一些令你欣喜的举动,让你知道他们对你感兴趣。

一份成功的核心独特定位声明可以吸引更多愿意和你一起工作的人,还可以为你筛选潜在客户。如果潜在客户已经对你提供的服务感兴趣,你自然就可以快速接近他们。记住,你所有的营销都取决于创造一份完美的核心独特定位声明。我们的咨询领域客户通过制定完美的核心独特定位声明提升了知名度,市场需求增加,盈利能力自然提高。

你的网络形象

当然,在今天的商业世界中,你必须有一个网络形象,并且你需要认真对待它,所以一旦你有了完美的声明,你就该去考虑你的企业网址了。你的网址和你网站上的内容一样重要,作为你的整体营销和品牌战略的一部分,你需要非常仔细地考虑它。有很多地方需要使用网址,如名片、电子邮件签名、信笺抬头、提案文件页脚等。当你的潜在客户访问你的网站时,你必须确保你的网站能够反映你的核心独特定位、你的身份和你的特别之处。潜在客户需要知道你是谁,你如何与他们合作,以及雇用你会给他们带来的巨大好处。在你的网站上最重要的一项内容就是告诉潜在客户如何联系到你。电话号码、联系人、公司地址和电子邮件地址都是不可或缺的。网站设计要让潜在客户可以很容易地通过多种方式联系上你，还要有吸引力，能引导他们主动联系你。

在你的网站上，还要包括一些潜在客户可以轻松接受和理解的内容，这样，不用你费尽口舌去宣传自己，他们自然就知道你是一个可靠的专家。让你的潜在客户自己得出这个结论比你告诉他们更有说服力。我们建议你的网站要有文字内容，也需要包含一些视频。你的网站的目标是向潜在客户展示你的专业知识，让他们对你有更多了解，在他们心中树立独特的定位。随着时间的推移，他们会继续深入了解你，在有需要的时候可能会想到你、聘用你。

第二节 展示专业技能吸引潜在客户

作为一名咨询顾问,你当然愿意证明自己是咨询领域的专家,而且不希望通过吹嘘自己是多么了不起的"导师"来做到这一点。展示你的专业技能的最好方法之一,就是创造有用的内容,提供给潜在客户,在他们心中形成专家的形象。这些内容可以是印刷形式的,也可以通过互联网发布。但是,首先让我们花点时间来谈谈潜在客户开发的概念以及它为什么重要——因为对于大多数顾问来说,"获得客户"往往伴随着一种高度的焦虑。

潜在客户开发

在咨询行业,哪怕你没有大量的客户,你的咨询公司也可以获得高收入。你对一个公司客户收费可以是10万美元、20万美元、30万美元、40万美元或50万美元,甚至更多。你也可能在与一个客户保持合作关系的时间里获得价值数百万美元的业务。

这些都是有大客户的情况,另一种情况是,根据你的商业模式,你也可以多开发一些小客户。每个小客户可能会给你带来每月1万美元或4000美元,有时甚至更低。但是，你简单计算一下就能知道，即使一个客户一个月只给你带来1万美元的收入，你一年也能有12万美元的收入。而且，许多这样不需要你花很多时间来服务的小客户累计起来，也会给你带来很可观的收入。

开发客户的关键是你要知道你的潜在客户是谁，并且在哪里可以找到他们。

不要想着你的营销活动能得到所有人的回应，重要的是，要让你所主打的市场领域的客户对你的服务感兴趣，然后你可以通过反向营销策略拿下他们，你可以让他们主动上门，因为他们想与你和你的公司合作。我们认为，一定要建立起自己的市场营销系统，营销系统顺畅后你就不需要做很多后续工作。与其追求找到潜在客户的数量，不如提高客户质量，将目标定为吸引合适的潜在客户更加合理可行——他们对你和你的公司非常感兴趣，一旦你和这些客户进行了一次很好的合作，他们就能成为你的长期客户。

如果你能找到适合自己的恰当的细分市场，知道这个市场中客户的最大的问题，能够给出有效的解决方案，那么你可以把营销的时间、精力和注意力集中在这个市场里，这样才最有可能得到潜在客户的反馈，最快拿到订单。这就是为什么我们建议你把所有的市场营销都集中在你的特定市场领域——这个领域的客户最有可能雇用你，最有可能给你带来最多的收入。当你在努力完成那些更容易达成的交易，而不是那些因为需要证明自己的能力而更慢、更难达成的交易时，你已经为成功做好了准备。市场营销这个游戏其实就是，你知道有很多对你感兴趣的潜在客户，有些客户现在你就可以接近，而有些客户需要先培育将来才能接近。记住，在你的市场营销中最重要的元素——包括线上和线下——是潜在客户相信，他们能从你那里得到解决他们最大问题的答案。为了让潜在客户相信你是合适的顾问，你必须建立起具有高水平专业知识的形象，而这一点，你可以通过一系列平台来实现。

消费者指南

我们向咨询领域的所有客户建议,他们应该创建一份我们称之为"消费者指南"的东西。这份指南可以是书面的,也可以是视频或音频的形式,甚至可以将三种形式都结合起来。该指南的目的是,让人们意识到在购买特定类型的咨询服务时他们需要注意什么。例如,如果你是一名 IT 行业的咨询顾问,那么你的"消费者指南"就包括在雇用 IT 顾问之前需要注意的内容。你甚至可以把它命名为《招聘 IT 顾问时人们会犯的 5 个致命错误》。这份指南能够告诉客户需要注意的错误行为,彰显你的专业性。它是你的公司的一种公共服务,可以免费下载,也可以分享出去。你可以将指南中的内容制作成音视频资料来提供给客户。这样做的效果是,告诉别人你了解行业中的问题和他们可能会犯的错误,并且还知道如何解决这些问题。

杂志文章

撰写杂志文章也能体现你具备丰富的专业知识。从另一方面来说,广告永远不会让你看起来显得可信,因为人们不相信广告所说的。广告就像促销信息一样,里面的人们谈论他们是多么的棒,他们在自己的领域是多么权威的专家。消费者会把这些信息解读为明确的自我推销,而如今自我推销根本行不通。然而,文章可以增加你的可信度。当人们阅读一篇文章,他们相信文章中所写的内容时,会看谁写了这篇文章以及如何与作者联系。一定要在文章后留下你的联系方式,比如你公司的名字和网址。在线上或线下为行业出版物和杂志撰写文章是一种非常重要的策略。最合适的是为你自己读过的杂志撰写文章。如果你的时间非常紧迫,你可以雇一个代笔人来为你写。前提是代写者要熟悉你的写作风格,内容上你要给他提供思路,最终的成文你也要把关,确保能把自己的水平体现到文章中。这样你无须在内容创造上投入大量时间就可以获得较高的知名度和可信度。

博客及网站文章

就像杂志文章一样，博客能帮助你塑造专家的形象。即使你每周写一次博客，即使是十分简短的，你也可以逐渐提高你的知名度。写博客给我们带来了很多机会，也提高了我们的可信度。我们建议你定期写博客，并使用你的目标受众在他们的搜索中经常使用的关键词和主题。例如，我们的帖子通常包含关键字商业领袖、持续改进、目标、领导力和生产力等。浏览别人的博客，积极互动，也可以提高你的可信度。这将反过来促进你的网站和社交媒体的影响力。

除了写博客，你还可以写更长的文章，把它们放在你的网站上，也可以转载到其他网站。你多为别人的博客写一些专业文章，多通过对话在行业论坛上发表有价值的评论，你的知名度就会慢慢得到提高，在潜在客户心中形成可靠的专家形象。为当地的报纸写专栏也是一个不错的选择。联系编辑，给他写一封自荐信，里面可以介绍你准备或已经写的一篇文章，告诉他为什么你适合写这样的文章。一旦确定了写专栏，你每段时间就需要写一篇符合要求的文章。通常情况下，编辑都希望手头有一篇备用的文章，以防在出版当天发现内容有问题，可以用备用文章把版面填充上。当然，你也可以提供博客上的文章放到专栏，这样你的写作压力会小一点。

你需要记住的是，提供有价值的东西，省略掉那些引人注目的自我推销。

图 书

写一本书是让你的理想目标读者更深地了解你和你的服务的好方法。我们强烈推荐一本纸质书，因为电子书已经被过度使用了。出版了自己的专著后可以向人赠送，人们都对图书有一种信任感，你的书会提高自己在客户心中的专家地位。书籍通常被称为黄金名片，你的目标读者很可能会这样做：当他们通过你的文字了解你之后，就会想要和你取得联系。更大的好处是，一旦你写了一本书，你就更容易受邀在电视节目上进行演讲。泰瑞之所以一次又一次地在电视节目中担任客座专家，就是因为她用她的书让电视台了解到她是一位值得信赖的专家。

新闻稿

你要经常做的一件事就是发布新闻稿。关注报纸和杂志上的热门话题，然后提出一些表示你对这些话题感兴趣的观点。举一个例子，一位职场霸凌专家，他现在从事领导力相关的咨询工作。在科伦拜校园枪击事件之后，他们联系了媒体，发表了自己关于这次事件的看法。之后他们的言论就登上了全国性杂志和报纸的黄金版面。这个人当时是一个刚入行的新顾问，但他以这种方式打开了咨询行业的大门，开启了他们整个咨询企业。

广 播

我们总是告诉我们的客户要多上电台节目，因为预约电台采访实际上是很容易的。可以在地方和全国性的广播电台上宣传你的新创意。泰瑞有一个在广播网播放的广播节目，她的节目被称为《泰瑞·莱文秀》，她的口号是"你可以给银行提的商业建议"。这个口号引起了目标受众的注意，因为他们知道她在讨论他们想知道的话题。

电 视

同理，上电视也不是那么难。你只需要精心准备一个适合荧幕的演讲，并且知道如何以正确的方式在电视机前展示你的演讲。所以不要害怕和电视台接触，大胆地联系你感兴趣的节目制作人。你需要集中精力把内容做好，用你传达的信息吸引他们的观众，让电视节目制作人的工作变得更轻松，他们也更愿意与你合作，从而进入一个良性循环。而且，这样做总是带来额外的价值。你可能会成为所在专业领域的常客，甚至是"关键人物"。

视 频

吸引潜在客户的一个很好的做法是制作很多（我们推荐100个）一分钟的视频。通过这些视频去分享你在专业领域上的知识。你完成一个（不是全部的100个）视频后，就把它上传到视频网站。这些一分钟的视频为受众提供了专家的信息，在视频的最后你要告诉观众你的名字和你的网站。将这些信息发布到尽可能多的平台上，让更多的人看到视频，认识你。

泰瑞在她的企业中做的一件事就是，制作了超过100个一分钟的关于她的观众会感兴趣的热门话题的视频。例如："如何雇用一个虚拟助理"或者"你应该是一个有限责任公司还是一个股份责任公司？"泰瑞随后把这些视频都上传到视频网站。她还在社交媒体上分享了这些视频的截图，以吸引目标受众。许多我们的咨询顾问客户也经常使用这种方法来挖掘潜在客户。

播 客

音频是一个非常重要的营销工具，因为它们会在互联网上迅速传播开来。除了作为播客节目的嘉宾让大众听到你的声音外，你甚至可以考虑拥有自己的播客来展示你所拥有的专业知识。选择播客嘉宾的时候要找这个领域内有名气的可靠专家。一旦你将自己的名字与一位极有信誉度的专家联系起来，你的权威性就会立即得到提升。几年前，泰瑞和史蒂芬·柯维和肯·布兰查德合著了一本书，而后两位都是咨询业的知名人物。这立即提升了泰瑞作为咨询顾问的信誉度，伴随的效果是她的咨询费也因此增加了。

网络研讨会和电话研讨会

吸引潜在客户的另一种方法是网络研讨会。我们举办了许多网络研讨会来分享我们的知识和经验，但我们在会议结束时却并没有做销售宣传。我们只是给人们提供了很多有价值的东西，这样他们就可以决定是否要选择我们的服务。如果你对网络研讨会感到不舒服，你可以用电话会议的形式，当然，视频会议也很不错。这种思路可以扩展，比如你可以考虑组织一个峰会，把你的领导和其他业内专家、企业家聚在一起，进行专业的会议讨论。峰会的影响力要大得多，当然对组织者能力的要求也很高。

演　讲

你可以选择一些目标话题，进行这方面的演讲来吸引大量的听众。演讲可以包括任何事情，从与人共进午餐、学习演讲，到自己举办研讨会，或在别人的研讨会或会议上作主题演讲、分组讨论。

在扶轮社[①]、商会和其他组织发表演讲将会提升你的专家形象。共进午餐和一

---

① 扶轮社是一个地区性社会团体，以增进职业交流及提供社会服务为宗旨；其特色是每个扶轮社的成员需来自不同的职业，并且在固定的时间及地点每周召开一次例行聚会。

起学习将让公司有机会看到你的行动力并在他们心中播下雇用你的种子，他们需要你的时候会更多地想起你、联系你。研讨会、社交活动和策划活动也是你接触目标受众的途径。在组织活动过程中去邀请你想要合作的关键决策者。一旦潜在客户成为你工作的一部分，他们就会被你的专业技能所吸引。一定要避免进入销售模式，这一点至关重要。记住，你展示自己是专家的方式不是谈论你有多棒，而是向人们展示你有多棒。

关系网

无论是参加当地每周的例会，还是参加针对目标市场的专业会议，积极主动地建立人脉都是明智的。你还可以考虑在会议上设一个展位。我们还建议你参加协会的会议，在那里你可以找到你的目标受众。如果你的目标对象是当地商会的会员，你可以考虑成为商会的活跃会员。我们总是告诉我们的客户不要仅限于成为这些组织的普通会员，要努力成为其中的积极会员。

建立一个社交媒体平台

脸　书

获得准确的潜在客户的好方法之一是通过脸书这类社交平台开展业务，如在其商业版块发帖、按点击付费营销、成为小众群组的领导者、开展直播。这些都可能在你的社交媒体计划中发挥作用。根据我们的经验，脸书是一个做广告的最好地方。脸书是我们获得高级别的目标受众的最大数据提供商，它甚至比谷歌的"点击付费"还要好。"你在脸书上做广告的好处在于，它能让你找到需要你服务的人，以及你选择的人群。"你可以精准地选择受众，比如设定他们的收入水平、职业、购买历史和任何其他基本数据。在脸书上，你甚至可以找到某人驾驶的车辆类型。

如果你想接触到某种专业职业，如医学专业，脸书可以帮你识别他们。事实上，脸书有 500 个不同的分类，而且我们发现直接针对你的特定细分市场投放广告真的不贵。脸书是最适合做广告的地方之一。脸书还允许你创建一个定制的用户群。有了定制的用户群，你就可以得到准确的人口统计数据。在泰瑞的咨询企业中，她有很多需要和牙医合作的工作，而脸书就帮助她把自己的信息传递给这些专业人士。她有一份牙医名单，上面只有那些牙医的电话号码，没有脸书资料。脸书允许她将这些电话号码上传到脸书，然后脸书将这些电话号码与整个数据库以及脸书上的所有人进行匹配。匹配完成后脸书就为泰瑞创建了受众群，把她的点击付费广告精确推送给这些目标受众。

有时，我们会使用脸书来获取我们感兴趣的人的姓名和电子邮件，而有时我们只是在理想的目标受众面前推送我们的广告。我们经常告诉脸书，把我们的广告推送给我们所在专业领域最大的咨询顾问。因为这些人已经有了我们想要接触的目标受众，我们所需要做的就是确定我们细分市场的主要人物，让他们了解我们，带动他们的追随者和朋友。

有了脸书，你就拥有了一个不可思议的机会，只要你在识别目标受众方面做得很好，你就能在目标受众面前脱颖而出。

领 英

我们还推荐你在领英发一些帖子、博客，建立你自己高度细分的领英群组，以及在领英上发布按点击付费的广告，因为在那里你很容易找到专业人士。领英非常有用，因为你在领英上可以精准地出现在客户面前，就像脸书上一样。实际中，我们将消费者指南与社交媒体广告策略结合到一起使用。我们在广告中将消费者指南作为一种礼物提供给目标受众。

你可以制作这样的广告："在雇用商务顾问之前，你没有问过的七个致命问题"或者"在雇用商务顾问之前，你必须问的七个致命问题是什么？"使用这样的方式，把广告推送到目标对象，让他们感兴趣愿意了解更多知识的时候可以联系到你。消费者指南是一个很好的赠品。你可以使用任何其他类型的特殊报告，甚至模板工具或检查表作为你广告的赠品。而你只需在领英上发布一篇文章，让人们知道你的消费者指南是能够帮助他们的。

创建独特的框架

既然你已经对用于共享你的专业知识的机制和平台的类型有所了解，那么我们希望你考虑一下自己吸引客户的独特的方法或框架——以一种不同于其他人的方式来阐释你的专业知识。

许多咨询顾问的问题是，他们看起来是可以被替代的。从客户的角度来看，如果咨询顾问看起来都一样，那么他们就会感到困惑：为什么要选择这一个顾问而不是另一个顾问。当这种情况发生时，客户的决策会完全基于你的价格，而不是你能给他们带来的价值。所以你不仅要向客户证明你是一个出色的专家，同时你也要证明你拥有自己独特的咨询业务框架、模式或系统，将你做的和其他咨询顾问所做的区分开来。当你创建了自己独特且专一的框架，那么你可以把这种框架融入所有其他的工具之中，我们前面提到博客、图书、网络研讨会以及视频，等等。创建一个独特的框架的好处在于，它帮助你保持思维清晰，将咨询技术的步骤和过程以一种全面、集中和易于交付的方式结合起来。这种方法能让客户认识到你的流程与众不同，正是他们想要使用和遵循的流程。

版权和商标

一旦你成为一名专家，并且你已经创建了一些属于你的独特框架、模型和系统，那么你必须确定你用版权和商标对这些你独有的东西做了很好的保护。版权基本上就是保护你以某种方式写出的独特作品，它可以是你的文章、博客、书籍、视频或音频节目。我们甚至在我们所有的资料中，包括幻灯片和文档，都加上了版权标志和日期。我们还加上了包括"版权所有"或"全球版权所有"的标识。你可以咨询律师这方面的内容，确保你的所有工作都得到了适当的保护。上面提到的都是一些有代表性的内容，可以帮助你理解，让你知道要问律师什么样的问题。以下是我们的简单免责声明，你可以参考：不要把这一段或本书中的任何内容作为法律建议。它只是你寻求正确的法律建议的催化剂。

商标的作用超越了版权，能保护你的商业元素，比如你的品牌标志、你的标识或者一个能描述你企业的口号。像耐克所说的"只管去做（just do it）"就是一种商标。如果你想有一个标语或标识来保护你的企业，那么你可能会需要商标。你要与律师讨论商标保护的问题，商标是在国家相关部门注册的，它受到法律保护。虽然注册商标不是强制性的，但商标有其优势。一定要和律师谈谈，看看你是否需要为你正在做的事情注册商标，甚至是否这件事本身就可以注册商标。有时候单词和短语能被注册为商标，但有时则不能。还有一点非常重要，你不仅要知道你想注册什么样的商标，你还必须知道你想要注册的服务或商品有没有被注册过商标。

版权和商标能真正地保护你的资料、框架、方法模型和系统。

你的专有流程

在这里，我们还想告诉你的一个好的做法是，通过创建专有流程来显示你的专业知识。例如，泰瑞创建了一个内部转型的流程，其中包括在公司里组建她所谓的"转型团队"。"转型团队"是一个有着独特运行方法的系统流程，而这个系统实际上是被泰瑞注册过的。因此，真正喜欢这个系统的公司会要求泰瑞给他们贴上白标签——意思是他们付费给泰瑞来使用这个系统，并在上面写上自己的品牌名称，然后在公司内部使用。他们需要为此向泰瑞支付一笔预付款，泰瑞也会因为他们持续使用这个系统而获得一笔长久的收入。这些钱是按月付给她的。如果很多公司都付费使用你的系统，你会得到一份让你感到兴奋的收入。

建立你的营销实力

在咨询行业，客户对你来说就意味着收入和利润——这是你的企业命脉。你必须不断地向潜在客户推销你的产品，同时持续经营你与现在和曾经的客户的关系。如果没有客户，你就会破产，你甚至不能在没有客户的情况下声称自己在做生意。然而，市场营销会给你带来源源不断的客户，他们愿意为你的商业咨询服务投资。很明显，客户是你企业中最大的资产，所以创造一个持续吸引潜在客户的营销系统是关注你的企业和利润增长所必需的。

如果你是商业咨询领域的新手，那么你需要想办法吸引你的第一批客户。要获得第一个客户，你必须制订一份营销计划和执行日程表。无论你处于什么企业阶段，你都必须使用有效的营销系统来开展你的咨询企业。市场营销能为你带来潜在客户，而潜在客户又能转化为客户，而你则可以从客户那里获得咨询收入。

许多咨询顾问不懂市场营销，他们使用的营销技巧要么行不通，要么成本高昂。你必须拥有一个能为你带来源源不断客流的有效的营销引擎。市场营销的渠道可以包括一切渠道，诸如广告、新闻、网站、销售信、直邮、小册子和传单。市场营销还包括你用于销售和客户服务的一切事物，如标牌、信笺、电子邮件签名、社交媒体上的帖子、名片等。泰瑞经常对参加我们的"做强你的咨询事业"现场活动的人说：一切都是营销，营销就是一切。

市场营销将决定你的咨询企业是否能成功，所以你要确保自己具备市场营销的技能，即你能够以一种快速、低成本和有效的方式吸引客户。市场营销的作用就是把你的优质咨询服务推送到需要的理想客户面前，给他们选择你的理由。

当你拥有了提供这种服务的能力，将它展示给合适的潜在客户，向他们传递你能解决他们的问题的信息时，你离创建一个成功的咨询公司就不远了。当你发现你的目标客户有亟待解决的问题，而你的咨询服务又恰好能帮他们时，市场营销就要发挥作用了。你必须判断出通过哪些媒体可以接触到你的目标受众，把你的核心独特定位呈现给他们。你的信息要发布在他们常浏览的媒体上，客户就可以了解你的公司和服务，知道你的鲜明优势在哪里。

我们在这一章中提到的每一种技巧都可以帮助你获得客户，当然你不需要把这些技巧全部用到自己身上。我们建议你采用其中适合的三种技巧——选择你真正喜欢做的——然后从这三种开始尝试。评价哪些技巧是有效的，哪些是无效的。你可以选择其他技巧来替换那些不起作用的技巧，在不断尝试中找到最好的，因为很多营销策略其实都是一个试错的过程！

第三节 转化的艺术

一旦你吸引了你的理想客户，在理想情况下，接下来发生的事情就是他们会转变成你的付费客户。你可能不想通过强硬的推销，说服或变相强迫客户去使用你的产品和服务。相反，你希望他们来找你。这是你从 PACK 模型中学到的。你希望你的潜在客户意识到他们想要使用你的服务。

很多人认为"销售"是一个贬义词，但我们认为销售是积极的。当你所提供的服务能够为他人创造价值，就像你的咨询服务一样，你自然希望人们能来体验你的服务并从中受益。

可以这样想：假设你做了很棒的布朗尼蛋糕，如果你不和别人分享或者不告诉别人，人们又怎么能享受它们呢？现在你不想把这个蛋糕强加给别人，你会怎么做呢？你可能会说，自己只是做了一批非常棒的布朗尼蛋糕，然后把它们提供给别人。是否要这个蛋糕，则取决于你提供蛋糕给他们的人，决定由他们来做。不过他们可能不饿，或者他们可能对蛋糕里的某些东西过敏，还有可能他们不喜欢布朗尼蛋糕。除了把蛋糕做出来，让人们知道你有这个东西，其实你不需要做任何事情去说服别人吃你的蛋糕，因为如果他们想要的话，他们会来买的。

这种"不销而卖"的销售方式确实有效，它可以减轻你的压力，因为你不需要强加或操纵你的潜在客户。你可能已经购买过一些商品或服务，这些商品或服务的销售过程给你的感觉更像是一场拉锯战。销售人员向你推销东西，你却反其道而行之。推销、拒绝、再推销、再拒绝……直到你离开或购买。那种拔河的感觉从来都不会让人感到舒服，所以让我们尽可能地避免使用它。

让客户感受到问题带来的痛苦

你如何在不做推销的情况下将潜在客户发展为正式客户？这是很简单的。你必须向你的潜在客户表明他们的企业存在问题，如果他们继续不解决问题，你就必须让他们真正感受到问题带来的痛苦。展示并告诉他们问题所在，用情感让他们意识到问题存在。有时人们会试图回避问题，而你的唯一职责就是向潜在客户表明他们的问题是可以解决的。因为人们聘请咨询顾问是为了解决问题或实现目标。

向潜在客户展示你所看到的问题，或者是其他阻碍他们实现商业目标的因素。然后，简单地展示一下你和你的公司团队可以如何解决这些问题，并帮助他们实现企业目标。向他们清楚地表明，你帮助他们解决问题时，他们的企业会变得更好。而且，要让他们体验到解决问题后，他们的感觉会如何好。

使用诊断

我们强烈建议通过某种形式的诊断评估来揭示问题所在。你可以将其称为战略评估、差距分析、企业流程评估，甚至初始咨询。使用什么术语并不重要——目的是使用一个简短的工具来查看一个企业有哪些缺陷，然后向企业展示你的发现，以及你和你的公司如何通过专业咨询知识来消除缺陷所带来的危害。

你可以对公司的任何领域进行诊断，包括项目管理、销售团队有效性、运营、人力资源、培训和招聘绩效、供应链管理、流程有效性、领导力、企业文化，等等。你的评估能帮助潜在客户看到问题，也能帮助你制定策略来替他们解决问题。

在诊断过程中，你的角色是负责把问题呈现出来，让客户注意到，但是不必真正的就问题本身进行讨论。步骤包括：评估潜在客户的问题，然后让他们意识到他们的问题是什么，然后你帮助他们制订解决方案，以消除问题对潜在客户造成的伤害。

诊断可以非常直接。因为你只是在评估潜在客户的业务，以发现他们公司存在的问题。这种诊断将作为你咨询工作的基础，而一旦你真正开始深入与客户讨论问题，那么你的潜在客户就会自动变成你的客户。诊断将为你提供一个分享咨询项目的解决方案的机会。你要做的不是销售，你要做的是分析，然后给出结论，成为专业的咨询顾问，而不是销售人员。

站在潜在客户的立场想一下：在聘请一位专业顾问前，你会想先迈出一小步，"测试"一下顾问，以确定他是否是合适的人选。当咨询顾问为他们进行诊断时，潜在客户会观察顾问是如何工作和思考的，以及顾问是否真的适合他们。

评估或诊断工具是可以让你远离销售的最强大的工具之一，并且你可以通过使用它们将你的潜在客户转换为真正的客户。使用评估或诊断，在没有向他们推销的情况下通过揭示潜在客户的问题，你为潜在客户带来更大的价值，叩开他们雇用你的大门。

有效的业务诊断将帮助你获得有关业务的信息，然后你就可以识别问题，提出有效的解决措施。你将成为客户需要的那个能提出解决方案的人。过程是这样的：你做出了一份诊断并提供给你的潜在客户，把那些实际存在却没人愿意解决的问题呈现出来。大家都承认存在一个或多个问题。你可能已经发现了一些客户知道或不知道的问题，并且也已经发现了造成这些问题的根本原因。你接下来的工作就是来向你的潜在客户解释，他们的问题可以如何来解决，以及如果他们雇用了你，你会为他们带来的价值。你必须明确你将做的工作，最重要的是，确定客户将获得的实实在在的收益，例如节省的时间或成本以及创造的利润，或者其他的效益，诸如减少挫折、提高士气、降低员工流动率，等等。在诊断过程中倾听问题，其实也是在倾听一种情感诉求和对挫折的表达。因此当你向潜在客户解释如何帮他们解决问题的时候，一定要在谈话中使用有感染力的语言。

你可能想知道，潜在客户是如何在此过程中把自己转变为真正的客户的。通过在问题诊断过程中的表现，你将建立你的信誉，与潜在客户建立起融洽的关系，并加深你们彼此间的信任。当你提出潜在客户存在的问题时，你开始从他们那里获得信任。当你展示解决方案的时候，你会被潜在客户认为是可靠的专家。通过在诊断过程中提出有见地的问题，你将自己定位为能帮助潜在客户实现企业目标的权威人士。

除了被视为可信的专家，你还必须与你的潜在客户建立起融洽的关系。这种诊断可以让你了解你的潜在客户，向潜在客户表明你很关心他。通过诊断，你可以让潜在客户打开心扉，与他们开始建立关系。你的潜在客户也会在意你的倾听技巧，当你对所听到的事情进行反思并提出清晰的问题时，你的潜在客户就会清楚地意识到你能理解他们。确定自己正确地理解潜在客户所说的话，并尽可能地理解他们，不要加以评判，这样有助于你与潜在客户建立更融洽的关系。

信誉和密切关系是让潜在客户转变为付费客户的关键。在你的诊断和评估过程中，向潜在客户展示你和他们是同一战线的人，并且你在努力去确定什么对他们以及他们的企业最有利。这就是"不销而卖"的方法。

一个成功的诊断不仅帮你与客户建立起密切和信任的关系，也使你能暴露出潜在客户的问题，包括一些他们可能一直避免的问题。这是非常重要的，因为潜在客户能通过这个过程变得更好，真正看清所有的问题。然后他们可以决定是否需要你来帮助他们解决问题，以及看到这样做所能带来的巨大价值。

诊断建议更有销售力

不用推销的方式而是使用咨询的方式给潜在客户以建议，会让潜在客户主动寻求与你合作。一些咨询顾问喜欢针对问题给出实际的建议，而一些潜在客户则会要求咨询顾问提供需求建议书。在建议书上，你要对客户项目提出建议并总结出你发现的问题。一些咨询顾问喜欢使用需求建议书，因为他们认为这能让他们脱颖而出，并帮助他们将潜在客户转化为客户。

在实际业务中，泰瑞既不给潜在客户口头提出自己的建议，也不提供需求建议书。根据她的商业经验，对需求建议书请求的回应会削减她的利润，削弱她的品牌，降低她公司的地位。她认为公司应该与众不同，具有差异化的价值，而不是让自己的公司与其他咨询公司混为一谈。作为咨询提供方，她会设想潜在客户不知道自己需要什么。通过参考需求建议书中的各种建议，潜在客户就能决定下一步如何开展工作。泰瑞相信，"伟大的咨询顾问会领导他们的客户，而不是追随他们"。她不会把时间花在定价和在需求建议书中写出解决问题的方案上，这可能会让其他公司看到然后把她拥有知识产权的这些智力成果拿走，而客户可能选择另一家公司来做实际的咨询工作。

当被客户要求填写需求建议书时，泰瑞首先会说："谢谢你在你们的项目上考虑我们公司。"然后，她会陈述公司的核心独特定位声明，并告诉他们："我们独特的咨询服务将给你的项目带来巨大帮助，如果你想讨论这一点，我很高兴与你见面。"泰瑞会使用一个快速的模板化留言板或电子邮件来与潜在客户沟通，根据沟通的结果她就能判断是把他们从潜在客户名单中移除，还是确定这是一个非常认真的潜在客户。

当她担任一家美国全国性医疗保健公司的总裁时，他们经常发出需求建议书来收集情报，以帮助他们决定是否在内部开展这些工作。从需求建议书中，他们可以得到一个永远不会具体化的项目的所有资料和信息。从前雇主的实践中泰瑞学习到很多东西，所以在进入咨询领域后，她更喜欢通过讨论诊断的方式，与潜在客户一起合作来定义问题和解决方案，而不是单方面提供建议。她认为这是最公平的购买和转换过程。泰瑞坚持自己的立场，拒绝提供需求建议书，提升了公司在潜在客户心目中的地位。

泰瑞不提供需求建议书，但她会给潜在客户发送一份资料，其中包含合同文件和描述她的公司将会根据调查结果以及诊断工作中的对话为客户定制咨询服务的内容。在回顾诊断评价过程的内容里，泰瑞让潜在客户明白，如果潜在客户选择了她的公司，她将做哪些工作，她的公司将什么时候开始工作。然后，在合同中，她总结了相关讨论的结果以及开始工作的日期，将这些落实到纸上。当潜在客户说"成交"，成为真正的客户时，他们其实已经对你将提供的服务有了充分了解，准备好开始与你一起工作了。

对于是否提供需求建议书，仁者见仁智者见智，做与不做完全取决于你自己。

你在这个部分得到的最大收获是，通过诊断或评估而不是传统的推销来实现潜在客户的自我转化。

第四节　维系与客户的长期关系

市场营销的内容不仅仅是获得新的咨询合同，它还涉及维持与客户的长期关系。当你为客户创造价值，并用心与他们保持长久的关系时，你可以将一次性客户转化成能在更大项目上合作的长期客户。记住，市场营销就是留住你现有的客户，并鼓励他们长期使用你商业咨询服务。这是你的咨询企业获得真正利润的地方。

市场营销归根结底就是找到发展业务的三种方法：

1. 增加客户数量；
2. 提高每笔交易的单价；
3. 增加每个客户的购买数量。

寻找新客户会比直接向老客户进行营销活动更困难，成本也更高。因为信任、信誉和合作关系已经存在，所以当你提供新的服务时，现有的客户就是你最好的客户。对你提供的咨询服务表示满意的客户就是你下一个相关咨询服务的最佳潜在客户。

那些拥有大量回头客的咨询顾问肯定生意兴隆。最好和最大的利润来自后续的销售，而不是客户最初的咨询服务。从第一次与客户接触，到第一次成交，将会产生与新客户开发有关的成本，但是后续的成交这种成本就很低了，所以对老客户的再次销售能让你获得更高的利润率。

作为一名咨询顾问，你必须不断提升自己的价值，与客户建立良好的关系，让客户觉得你能服务好他们。这将帮助你获得回头客和客户推荐。

保持联系

与现有客户、以前的客户和潜在客户保持联系是你必须具备的技能。当我们教授咨询顾问"做强公式"并与咨询师客户合作时，我们会向他们展示如何让这个"公式"发挥作用，这样他们就可以自行与潜在客户及现有客户进行日常的沟通，这些客户对这种沟通很感兴趣。在我们的企业中，我们使用明信片、推销信和感谢卡这样的工具。我们也有一些措施来让潜在客户和现有客户随时了解我们业务上的变化，例如推出了新的服务和产品。

我们告诉咨询师客户，要努力成为潜在客户、以前和现在客户的内心首选——这意味着如果他们需要商业咨询，首先想到的是你的名字。永远不要忘记，一旦你获得一个客户，你除了要根据合同为他们努力工作，也要努力与他建立长期的合作关系，留住他们。

这里有一点我们需要注意：既然留住客户的最佳途径就是在当前的客户关系中表现良好，那么你就要在服务中为每一个客户去创造更多的价值。只有让客户认识到购买你的服务是一个超值的决定，他们才会在未来遇到问题时第一个考虑到你。你要让你的客户能回想起你的出色表现，以及你第一次与他们合作时所带来的巨大价值。

客户奖励机制

在你和潜在客户一开始接触的时候就要建立激励机制。例如，在提案阶段，你可以建议客户接受带有优惠条件的条款，这样他们就可以在后续的合作中获得优惠。我们的一个咨询师客户拥有独特的企业问题诊断手段。一位客户请他参与一个咨询项目，该项目计划持续两个月，费用为10万美元。这个项目需要大量的分析工作。结果，这个项目没能在两个月期限内完成。好在这个咨询师非常明智地签订了一份客户协议，根据协议客户可以支付原费用的一定比例来让他继续完成后续的工作。

这里我们有一个建议：在后续合作项目的收费上，你可以在第一次合作的基础上打个折，吸引客户与你多次合作。客户会这种折扣动心，所以他们通常会再次和你合作，愿意充分利用这种优惠。当然，你提供的优惠条件也要设定一个有效期限，比如"必须在接下来的12个月内使用"。

用回访检查"绑住"客户

在与客户的合同结束后，我们建议咨询师安排一些对客户的回访检查。这和你给自己的汽车做维护是一样的，汽车经销商希望你能每隔一段时间就把汽车开过去让他们检查，确保一切正常。你也可以为客户提供同样的服务。在咨询合同中，你可以加入安排定期检查的条款。客户会不定期地与你进行短暂会面，以帮助你了解内部情况。这样你就可以在现场与管理决策者交谈。在检查期间，你和客户公司管理层将讨论他们面临的问题和挑战。既然你在现场，那么在出现问题时由你来解决问题就是自然而然的事情。如果你与客户失去联系，你就无法了解客户的真实情况，因此客户可能也不会考虑让你来帮助他们解决问题。

每月、每季、每年都有联系客户的好方法

在项目过程中，举行结构化会议和复盘回顾，可以增加你被重新聘用的机会。

在这些会议上，你会每月与执行决策者联系一次，确认他们确实相信你带来的价值是值得他们投资的。这么做的目标，是向客户展示他们的投资回报超过他们在你服务上的投资。在会议上，需要确定是否需要对服务进行调整，或是客户是否发现了新的问题，或者知道客户是否对获得的回报存有疑问。每个月都去处理这些问题，你就能确定客户对你的服务是否满意。你还可以评估客户对投资回报是否满意，这可能决定了这个客户是否和你在其他方面继续合作。

我们还建议你与客户建立持续指导的关系。通过与你的客户保持密切联系，一起面对出现的问题或挑战，你才能够指导客户以最有效的方式实施你提供给他们的策略。与客户保持持续接触的另一种方法是，设计季度或年度交流会。在这些交流中，你将为客户提供一些增值服务，例如你可以在他们已经安排好的活动上进行主题演讲，也可以由你设计、组织一些研讨会。不管怎样，我们的目标是让你和客户的管理团队一起出现在现场，这样你就能及时了解客户遇到的挑战，从而帮助他们解决问题，同时在他们面前凸显你的价值。

创造性谈判

在洽谈阶段，当起草客户提案时，你可能非常富有创造力。你可以把你的一部分报酬与客户的股权或一些基于业绩的其他价值挂钩。你的咨询报酬可以是一定比例的股权，也可以是帮助他们获得的收入或利润的某个百分比。你想要确保你的策略长期有效，那就激励自己去帮助客户最大化他们的收益，从而取得双赢的结果。这样一来，客户会对你敞开心扉，因为最终他们在你的帮助下获得巨大收益，诸如增加收入、降低成本、增加现金流——他们会赚更多的钱，也会帮助他们推高股价。当你和客户目标一致，齐心协力想完成一次成功的合作，你也可以根据业绩得到相应的回报时，最好的结果就会出现。

创建一种活动

另一个留住客户的创意是让你的客户参与到某种活动中。创建一种活动，建立一个能让客户积极参与的社区。你可以通过社交媒体如脸书、领英、谷歌等的群组来建立这种社区。一旦你建立了这个社区，就应该让成员拥有使用其中的工具、资源、特殊信息和特殊事件的权限，你甚至可以向客户提供网络研讨会或电话会议。让你的客户可以自由下载群组里的工作表和模板。你需要集中注意力，让团队中的人都朝着同一个目标去工作，比如提高生产力或用心去领导。无论它是什么，你的客户应当成为你活动的一部分，并且这种活动会变成一个网络，而你的客户则会成为参与其中的一部分。你可以免费提供你的活动社区给客户，当然你也可以收费，或者你也可以做一个混合，即允许成员免费进入，但如果他们想要额外的资源，就需要支付少量的费用。这个社区成为你额外收入的来源，尽管这不是建立群组的真正原因。你建立群组的真正原因是留住客户。通过让客户积极参与到你所建立的活动网中，你与客户之间的咨询合约继续下去的可能性就提高了。

新的和好的服务与产品

在你的社区中，你可以通过电子邮件、即时通信软件或电话联系客户。你可以向客户提供新服务。你可以向他们介绍你团队中的一个新成员，可以向你的客户介绍一些在与客户的合作中没有提到的专业知识。你也可以使用向上销售[①]给

[①] 向上销售指根据既有客户过去的消费喜好，提供更高价值的产品或服务，刺激客户做更多的消费。如向客户销售某一特定产品或服务的升级版、附加品或者其他用以加强其原有功能或者用途的产品或服务，向上销售也称为增量销售。这里的特定产品或者服务必须具有可延展性，追加的销售标的与原产品或者服务相关甚至相同，有补充、加强或者升级的作用。

客户推荐一个新的服务或产品。当然，我们并不是说要创建客户不需要的产品或服务。通过在你的可提供服务列表中添加更多的服务来为客户创造更多的价值，你可以建立一个"向上销售"的模式。不过无论你何时增加服务，一定要通知客户并向他们提供这些新服务。

　　除了向上销售，考虑一下你能向你的客户交叉销售什么。交叉销售是提供额外的服务或产品，它将增加你给客户创造的价值，与你的咨询服务是相关的。例如，我们的一个咨询师客户的业务中不包括评估，然而，在他与客户的合约中却表明会提供这些服务，并会安排另一位专门从事评估的咨询师来帮客户完成这些工作。所以，我们的咨询师客户会很开心，因为客户购买评估服务后他能获得很好的回报，尽管他自己不提供评估服务。

调查与反馈

　　你可以开始考虑为你的客户创造更多的价值。"以终为始"，要关注你希望客户得到的结果。想想你可以通过增加产品或服务来获得更好结果的所有方法。为了了解客户真正想要的东西，我们建议你进行四个问题的调查。这些问题是：你目前面临的最大挑战是什么？你是否达到了预期收入目标？如果没有，你认为原因是什么？公司或部门的变动是否得到了员工的认可？

　　这些调查将为你提供更多的信息，以便你更好地了解客户，同时客户也将告诉你他们需要帮助的地方，而调查则是让客户参与这个过程的好方法。无论是建立社群还是调查研究，目的都是与客户建立一种长期关系，让客户给出反馈，与你分享他们的经验。

有内容的电子邮件

我们还建议你定期给你的客户发送一份包含有用内容的电子邮件。邮件里可以包括你写过的文章，你录过的音频，你上过的电视节目链接，你写过的博客，或者只是带有特别内容的自动回复。请保持定期发送邮件的习惯，这样你就可以和客户保持联系。要让你的客户知道你关心他们，让他们意识到自己很重要。

送明信片

我们通过一种名为"送明信片"的服务来与我们的客户保持定期联系。这是一种可以让我们赠送卡片，发起活动，以及用客户的标志或照片定制个性化卡片的自动化商业工具。这种接触方式会让我们在客户的脑海中保持新鲜感，而且可能会帮助我们赢得额外的合同。

拿起电话

通常情况下，我们会随机给一些客户打电话。或许客户并没有期待我们会打电话，这是我们突然给他们打一个电话，让他们知道我们仍然想着他们，希望能"再续前缘"。我们也可以打电话与客户分享一个非常好的创意。客户会很喜欢接到这些电话，因为这些电话让他们知道你把他们放在第一位。

博客、文章让你更权威

记住，经常写博客和文章会让你成为受众的焦点——包括你的客户。泰瑞有一篇文章很受欢迎，它的标题是"7种管理懒散员工的方法"。员工工作懒散会导致生产效率下降（意味着利润减少）、人员流动率高企等问题，这些都是企业客户关心的问题，所以这篇文章吸引了广泛的读者，有一些是现在和过去的客户，可能还有很多潜在客户。要找到你客户感兴趣的话题，你可以用头脑风暴的方法。你可以在自己的博客里写文章，也可以把它作为新闻稿发布，或者你可以考虑在论坛和更大的新闻网站上发帖。实际客户和潜在客户看到的内容越多，你就越能强化这样一个事实：他们遇到了一位权威专家，或者聘请了一位可能是名人的专家。聘用这种类型的咨询顾问对于他们总是具有很强的吸引力。潜在客户在雇用你的过程中会感到更有安全感，客户也会对与你保持关系充满信心。

了解客户的价值

我们告诉我们的咨询师客户，要去时常问自己这样一个问题："这个客户对我来说有多大的价值？"然后我们会了解他们在营销上投入了多少资金，他们实际获得一个客户需要花费多少时间、精力、创造力和金钱。每个客户项目都有经济价值，你也必须在其他领域去衡量客户的价值。

许多年前，泰瑞拿下了一家养老院的咨询业务，这份合同价值每年25万美元。她相信，只要她为他们提供出色的服务，当她的努力满足甚至超过了他们的需求，他们就会意识到她的付出是多么有价值，会十分感激她能与他们经常沟通，为他们出谋划策。她相信客户会和她保持五年左右的合作关系，因为这是大多数客户和她合作的平均时间。拥有一年付25万美元咨询费的客户是很不错的。当她将25万美元的咨询费乘5，认识到客户的真正价值有多大时，她变得更兴奋了。泰瑞意识到这位客户对她来说是一笔巨大的财富，于是她努力让公司帮客户创造更多价值。

泰瑞和我们的咨询师客户分享了一个故事，告诉他们为什么要关注客户的终身价值。故事的主角是一家美容美发店的老板，她告诉泰瑞，她每周五中午12点关门，开始周末时光。有一周，她很不高兴，因为一个潜在顾客在上午11：45打电话来，说他们到街角了，想到店里理发。美发店老板告诉他们要关门了，因为她要去海滩，所以她没办法在给他们服务。潜在客户因此十分生气。泰瑞问美发院老板，客户第一次来访会给店里带来多少收入。美发院老板说，顾客第一次上门所带来的平均利润是35美元，然后她带点解释意味地说，这就是为什么她不开门的原因，因为仅仅为了35美元是不值的。然后泰瑞问她：大多数客户是否只来一次？美发店老板说，大多数客户都会定期理发。事实上，大多数客户每隔6~8周就会来一次，并且他们会在20年内都到这家店来理发，而且至少还会推荐两位家庭成员过来。讲到这里你想必已经明白我们的意思了。

泰瑞让美发店老板计算一下因为她要去海滩而不愿意花时间去服务的客户的价值。泰瑞让美发店老板计算：每6~8周可以赚这位顾客35美元，然后在20年内都是如此，按20年内顾客理发的次数乘以35美元，再加上这位顾客介绍两个新顾客产生的价值。当美发店老板按照泰瑞的要求算完时，她意识到她犯了一个远不止损失35美元的错误！这是一个会损失18000美元的错误。而且如果客户不断再带来新的客户的话，那么损失可能还会更大！

这就是为什么我们告诉我们的咨询师客户，他们必须对自己的客户心存感激。在我们的企业中，我们把客户作大家庭中的一员，任何购买我们任何服务或产品的人都是我们的客户。当你在我们身上投入第一笔钱后，你就成为我们大家庭的一员。我们会尽心"呵护"你。我们发展并培养客户，给予他们我们所承诺的结果，对我们的咨询师客户提供坚强的保障。通过为你的客户创造巨大的价值，他们将像我们一样，长期陪伴在你身边。

在每次与客户的谈话中，你都要注意去发掘客户的价值。确保客户对你的工作满意，这样他们就会很高兴帮你做推广，把别人介绍给你。我们有很多这样的客户案例，他们从一开始五位数或六位数的合同发展到如今价值七位数的合作关系。即使一开始客户不打算与我们进行长期合作，我们在当下的合作中解决了他们眼前的问题，也能得到一笔咨询费。因为他们对我们这次服务很满意，所以他们会信任我们。慢慢的，他们就会了解我们所拥有的其他能力，而这些能力可以持续地帮助他们解决问题。多年以后，他们都成了你手中价值百万美元的客户。这完全可能发生在你身上。我们向咨询师客户建议，他们的目标应该是向客户提供优质的服务，并使每个客户都能成为价值百万美元的客户。不管合同金额一开始有多小，我们都鼓励你把每一位客户都看作能给你带来百万美元收入的客户。

领导客户的战略会议

既然你想与你的客户建立长期的信任关系，那么我们建议你参与到每个客户公司的战略会议中。一个公司的常规商业规划一般以年度为周期，如年度财务预算和决算，我们建议你做一个战略草案来帮助他们规划未来五年，并协助他们在执行这份规划的时候做出决定。

在这些战略会议上，你需要做的就是推动客户去研究和讨论：市场上发生了什么、客户想要什么、其他供应商在做什么，并且帮助他们分析想要进入的市场或地区的情况。你的角色是帮助公司做决定，编制预算，为下一年的重要事项做好准备。如果你能真心真意投入这项工作中，帮助你的客户完善他们的策略，那么这可能会让你与客户达成一个新的合作，可能是一个战略合作。即使你没有因为推动这些战略会议得到报酬，这项工作本身可能也与你想为客户做的其他事情有关，所以我们建议你参与其中。

的确，自愿为一个研讨会提供几天的服务，并帮助客户做预算和战略规划是值得的。我们发现，在实际中这样做已经为我们的咨询师客户提供了许多其他的机会，并为他们和他们的团队带来了更多的企业客户。

想想看，在客户的战略规划和推动进程中，你和他们风雨同舟，最直观地见证了他们所遇见的挑战，亲身体会了他们制定的策略，倾听了他们的抱负。没有什么比这种体验更有价值的了。有了它，你将能够帮助高管们思考如何处理所面临的挑战。如果你的团队恰好有能力应对客户所面临的挑战，帮助他们推动想要实施的策略，那么你成为他们合作伙伴的机会就大大增加了。

交叉销售和向上销售的工作原理

前面我们讨论了有关交叉销售和向上销售的概念。我们的咨询团队会拥有许多不同的技能，这些技能决定了我们如何与客户展开合作。例如，皮特咨询公司的业务涵盖了所有涉及转型的类型，诸如发展领导力、文化演变、改善工作方法以及使用精益原则和六西格玛的概念，他们专有的战略目标部署流程，确定公司战略，并使员工与这些战略匹配，以确保每个人都专注于正确的行动，保持公司的目标、愿景、使命统一。皮特的公司可以开展所有这些业务，在企业的长期成功中发挥积极作用。理想情况下，客户会雇用他们在未来五年进行企业转型的全方位指导，但实际情况是，客户会雇用皮特的公司先去解决一个特定的问题或是对其中一个领域提供帮助。它可能是推动战略执行、对一个运营问题进行诊断或定义一个更合适的企业文化。一旦这个特定的项目完成，那么客户在其他领域遇到问题时就可能找到你，和你讨论。最终，讨论的范围可能扩大到整个企业转型项目。从一个点开始，你的业务逐渐扩展到了一个面。现在你明白这是怎么一回事了吗？

作为一个咨询团队，你一开始就想在所有你拥有相关技能和专业知识的领域为客户提供咨询服务和具体规划。如果你能在提供咨询服务的时间内帮助每家公司实现业绩最大化，那么你很快就能拿到一份 5 年的合同，人们愿意与你长期合作。那将是一件很棒的事情。

但现实情况是，咨询业并不是这样运作的。相反，你会因为一个非常具体的问题而被聘用去帮助企业解决它。然后因为在解决这个非常具体的问题的过程中，你展示了解决问题的能力和在其他领域上的战略思维，所以客户会请求你做更多的工作。例如，他们可能希望你能增加运营诊断服务，以帮助执行团队了解他们应该达到什么样的业绩水平，并帮助他们详细列出达到这一业绩需要做些什么。在这种情况下，你将获得一次有限的业务扩展机会。在其他情况下，你也许就可以扩展你与客户的咨询协议，让你为客户提供的服务涵盖全部业务范围。

泰瑞向我们分享了一个她被雇来帮助销售团队改善业绩的例子，她的公司随后被要求协助客户进行领导力培训、招聘以及营销流程和营销系统方面的工作。

无论你从哪里开始与客户打交道，都要意识到你总会有机会去跟客户谈更多关于你的工作的内容。可能你一进驻客户的公司，你就发现客户在领导力方面存在需求，并能马上与客户展开相关的讨论。也许你了解了现在的企业文化，观察到人们的所作所为与之并不协调一致，这严重阻碍了公司的前进，你提出一些帮助企业改善的策略建议。你可以分享你实际观察所见，讨论你在这家公司看到的问题，然后向客户展示你过去和其他类似公司或组织的合作内容，表达为他们提供相关智力支持的意愿。

我们建议你撰写有关客户的案例研究，因为这样能够帮你额外加分，同时你也可以向客户证明你有大量的咨询技巧可以用于帮助客户实现他们的目标。客户可能不会主动要求那些你的公司能给他们带来的额外价值，他们可能也没有意识到他们在你没有提及的其他领域中有很多不足。你始终要去引导和客户的对话，帮助他们解决问题，并在此过程中不断增加你的价值。

在咨询过程中，我们经常发现一开始我们被雇去做问题诊断工作，然后逐渐扩展到其他业务领域。一个问题诊断项目可以变成一个企业文化构建项目，然后又转化为有关战略制定和战略目标部署的合作。诸如此类，这取决于客户企业中出现的其他问题。记住，每个业务都是动态的。随着时间的推移，客户今天面临的问题会发生变化。在他们的日常工作中也会出现"惊喜"。当客户突然遇到一个大的供应商出现质量问题时，你可能正跟他在一起，而你又碰巧知道如何解决供应商的质量问题。或者，客户正在经历危机时，你可以参与进来，通过教授他们有效的销售策略来帮助客户应对危机。然后，你可以提议，除了你已经在做的工作，你还可以额外为他们设计一个解决方案。这就是你的咨询业务能够不断扩张的原因。

咨询业务的流程

与所有的业务或项目一样，咨询业务是一个过程。以下是我们为咨询业务所确定的流程步骤：

1. 发现客户的需求或问题。
2. 用更好的方式与客户沟通，并向客户描述你的潜在价值。
3. 提出项目。
4. 与客户签署一份合作合同。
5. 执行项目。
6. 给客户开发票，客户付款。
7. 要求客户转介绍。
8. 重复上述步骤（针对此客户或其他客户）。

从你的客户开始执行这些步骤吧。让他们得到他们需要的解决方案，同时让他们知道你还能做什么。

是的，一切其实就是这么简单！

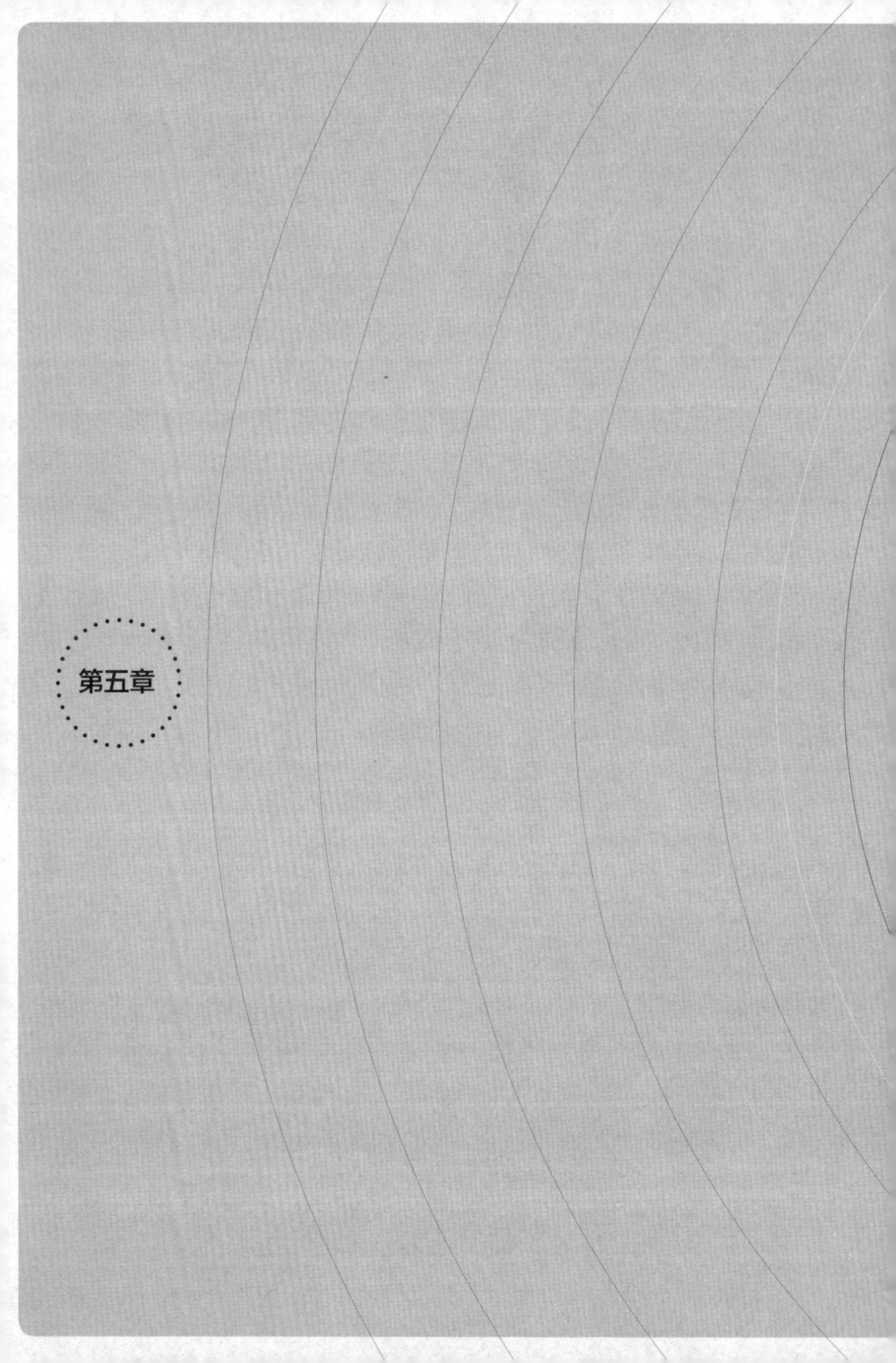

第五章

创造卓越的价值

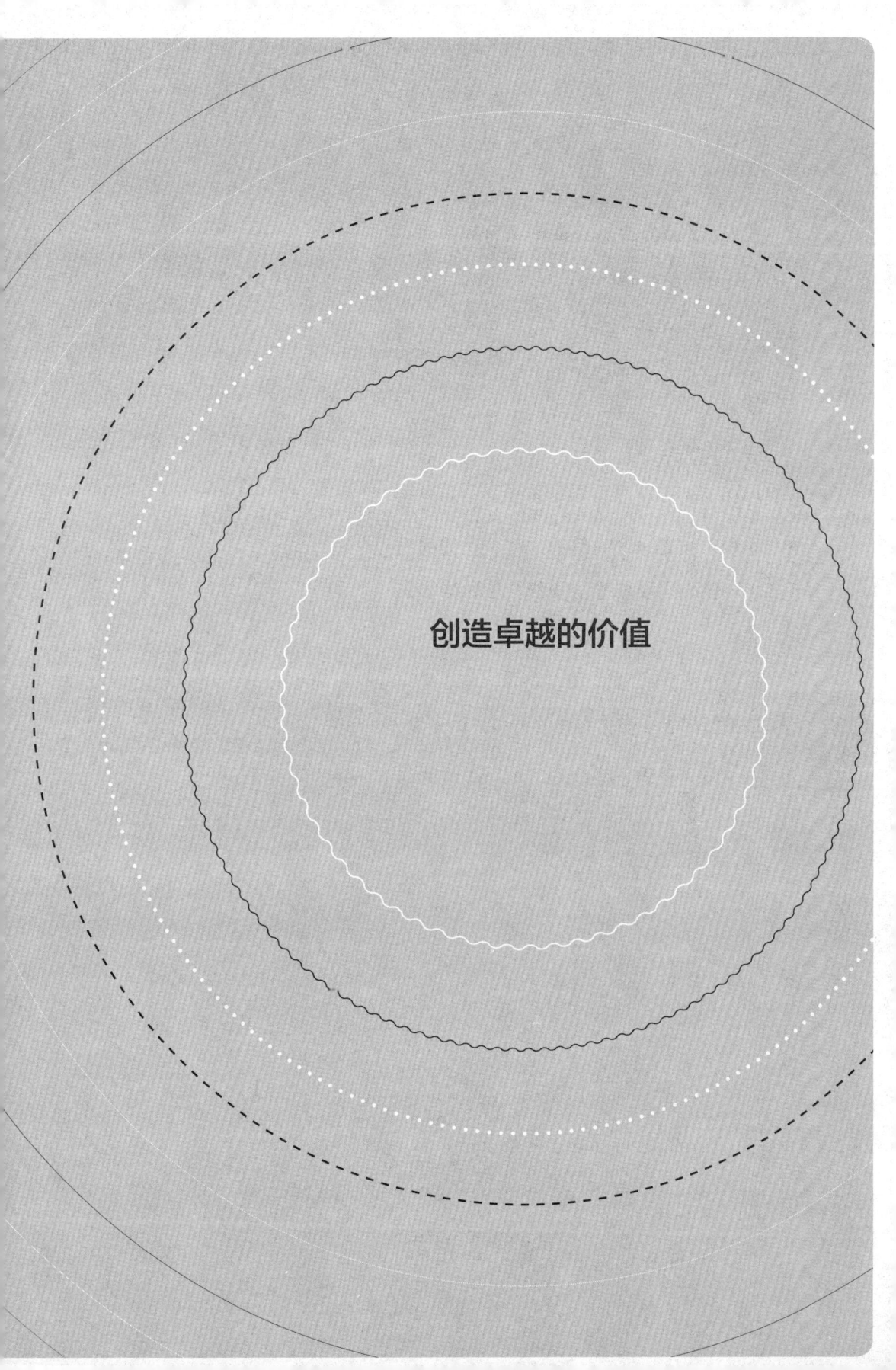

我们已经认识到，在每一次合作中为你的客户提供卓越的价值是至关重要的。在本章中，我们将讨论你需要采取什么措施来为客户创造尽可能高的价值。要做到这一点，在一定程度上意味着你需要有成为一个终身学习者的决心。提升你的咨询技能，使自己在服务客户时效率最大化是一个持续的过程。我们列出了一些你需要掌握的顶级技能，诸如解决问题技能、指导技巧和领导能力。

我们还将介绍"客户影响力最大化模型"。该模型描述了咨询方法的许多具体元素，包括管理咨询合同的细节，以及与客户团队成员的互动，这些互动将使你的影响力和你交付的价值最大化。

第一节　提高你的咨询技巧

我们与咨询师客户分享成为最成功咨询顾问的方法，那就是他们必须让手里的每一个咨询项目都创造出巨大的价值。如果你想在市场上占有一席之地，能够赚取高额的咨询费，那么我们可以告诉你，你需要从打造自己的技能开始做起。很多咨询师加入我们团队的原因之一是，他们决定坚持不懈地打造自己的咨询能力，并希望由此拓宽他们的知识以及专业面。

如果一位企业家打算聘请咨询顾问，那么这位企业家会希望将自己的业务委托给一位在他们需要帮助的特定领域具有高水平专业知识的企业咨询顾问。在《局外人：成功的故事》一书中，马尔科姆·格拉德威尔提出了这样一个观点：专家们拥有一万小时的专业经验。他认为，如果我们掌握了熟练的技巧，那么我们的才能将不再依靠天赋。如果我们想在某一领域取得成功，那么我们就必须不断练习才能变得更优秀。

同样，《优秀到不能被忽略》一书的作者卡尔·纽波特也认为，有目的的练习是十分有必要的，因为这意味着我们必须不断地把自己拉出舒适区。"要想变得更好——赢得大多数人梦寐以求的晋升机会——我们必须有意识地提升自己的表现。"大多数知识型员工最终会无意识地避免进行刻意的实践活动，因为当一项任务变得非常困难时，他们会返回去查看电子邮件。他在报纸上发表的一篇文章——《想要获得提升，那就做工作训练》中写道："要想让刻意练习奏效，你不仅要忍受不愉快（坚持完成任务，不管你有多么难以集中注意力），还要学会去寻找快乐，就像健美运动员努力锻炼肌肉一样。"

以每周工作40小时为衡量标准，这意味着你需要在专业领域具备5年的全职工作经验。但这也意味着你把时间全部放在一个专业领域了。如果你是一名全能咨询师，你的时间分摊在4个专业上，那么你就需要花4倍的时间，也就是20年的时间才能保证你在这4个全部达到专家级别。事实上，一个真正的专家不仅是每周花40个小时工作。相反，因为他们都对自己研究的领域充满热情，他们沉浸在阅读、学习、研究和实践的每一分钟，所以他们很快就成为专家。

我们坚定不移地为我们自己和我们的客户提供持续的技能发展，因为在为客户服务的过程中，不可避免地会遇见麻烦，而这些技能将帮助我们快速地解决问题，继续前行。通常，仅仅有一个工作计划是不够的，你需要不断地修正业务模式，坚持自己的使命和愿景宣言，同时也要转变发展你的产品、定价和利润模式。除此之外，请一定要为你自己的咨询企业和指导工作留出一部分额外资金，因为这样你就能不断地获得你需要的技能和知识。我们练习这里所教的东西，并定期聘请指导老师。你也应该这么做。

如果你不会商业咨询技能，那么你就需要学习一下。咨询顾问与人合作，而每个人都有自己的强项和弱项。咨询技巧——调整和深度倾听，提出有价值的问题，通过交流去寻求真实以及重点关注——是必不可少的。你还需要学习一些辅导技巧，比如如何发展和建立团队关系，以及如何让客户对采取的行动和困难情况负责。

一定要真正地了解你的受众，以及他们所面临的更困难的挑战。（见第六章）。找到你的专业领域，即那些你已经做了我们之前提到的一万小时练习的领域，或者你需要聘请团队成员来帮助的领域。一旦你确定了目标市场——你的理想受众——你就要花时间去了解这个市场中大多数潜在客户都存在的问题，然后制定出一个策略来定义以及解决这些问题。你甚至可能需要或想要开发自己的专属策略，并建立一套自己的咨询手段。

在与客户的合作中，我们发现他们需要发展技能进而使他们的业务更加系统化，以便获得最高的工作效率。你可能需要帮助他们开发模板、自动化和销售脚本，其实我们大多数的客户在营销和创建营销系统的技能方面也需要获得提升。

我们一直在谈论如何提升业务技能，但不要忘记技能提升发展还包含着个人发展。当我们有机会对客户所遇见的阻碍、他们的弱点和其他妨碍他们成功的生活问题进行指导时，他们通常会感到很惊讶。你必须不断地开发并提高自己的个人技能，就像我们帮助我们的客户提高这些技能一样。

我们践行自己的诺言。我们相信向大师学习可以帮助我们赚取更多的利润。我们花钱聘请导师和顾问来帮助自己学习有关解决问题、做决定、项目管理和时间管理的技巧。通常，这四种技能是你成功经营自己的咨询企业所必需的，当然，这也是客户取得业务成功所需要的。

向顾问大师学习

你可能会对自己在管理咨询企业时所扮演的角色感到惊讶。你要接受这样一个事实：你并不可能知道所有关于市场营销、会计、电子商务、管理员工和独立外包商，以及雇用和培训合适的人所需要的全部知识。这没关系，重要的是你需要知道向何处求助，并且在危机爆发前及时地采取行动。没有什么比花费心思解除危机更能阻碍成功的了，而这些危机原本是可以避免的。

与其重新发明车轮，不如聘请顶尖的咨询顾问做你的导师，帮助你经营你的企业，这是一条帮助你取得成功的捷径。如果你刚刚开始经营咨询企业，或者你就是一名咨询顾问，你要意识到咨询企业不仅仅是靠一张商业名片和一定的组织能力就能赚大钱，甚至取得长期成功的。这期间会有很多阻碍。因此如果你身边有一位有经验的人，当你遇到困难时，他就能帮你快速渡过难关。

我们的一些咨询师客户需要顾问来帮助他们进行销售和自我推销。而有些客户则需要顾问帮助他们找到合适的联系人、定价，以及使用什么类型的收费结构，并帮助他们打造企业计划，然后按计划执行。还有一些客户需要顾问帮助他们决定应该建立哪种类型的实体企业——独资企业、合资企业，还是股份公司。有些客户甚至需要顾问帮助他们选择企业名和域名，还有些顾客则需要顾问向他们提供处理失误与遗漏保险、企业定位、品牌计划、进入新市场、打造网站内容、建立社交媒体形象，以及将社交媒体作为反向营销方式等的帮助。

我们已经与那些亟需获得指导和有效网络协助的咨询师客户开展了合作，此外，他们中有一些人正处于创业起步阶段，有一些人虽然非常能赚钱，但是他们想减少工作时间，还有一些人有着一段充满意义的职业生涯，他们希望帮助他们出售自己的咨询企业。

对于我们的咨询师客户来说，最大的挑战之一是提高能够保持现金流稳定的技能。你必须知道你需要多少现金来维持你的企业运作。大多数企业之所以失败，正是因为他们没有足够的现金为日常运营提供保障，所以我们要确保我们的客户储备了足够的现金。

当你以咨询顾问的身份介绍自己时，你就必须要能够完成咨询顾问应该做的工作。学习并运用你所学到的技能是十分有必要的，因为这样你就能更深地影响客户。如何运用并执行这些商业咨询技巧不仅将决定你能否成功，而且可以决定你的客户能否实现目标。

在本章接下来的部分，我们将详细介绍最重要的咨询"必须具备"的技能：

解决问题、训练、综合、沟通和倾听。

解决问题

咨询工作的关键就是为客户解决问题，所以你需要成为一个优秀的问题解决者。解决问题是咨询的关键，是因为你的客户有一些问题需要解决，所以才会找到你。客户所面临的问题可能是缺乏效益、缺乏客户、组织问题、利润问题、体制问题、供应链问题、员工挑战、增长和多样化，或任何妨碍他们实现企业战略目标的问题。他们甚至可能一开始就没有可行的策略！同时，你工作的公司和组织也会遇到一些挑战，这些挑战需要你在工作之中或工作之余去解决。

解决问题需要多维度，其中就包括数据分析，财务报表、电子数据表，还有各个部门的报告，例如客户数据报告、人力资源报告、库存报告、生产报告等都属于数据的范畴。而当你在一份报告中很难找到你需要的数据时，你还可以自己收集数据或为你的客户制作数据表。你可以从不同的角度去分析内部电子表的数据。通过深入研究数据并理解数据的含义，然后从中提炼数据模型，这样你就可以得出你需要的结论。

好的解决问题的方式会从一个假设开始，然后你要像科学家一样去验证这个假设，无论你在研究什么，这个方法都会帮助你提高效率。首先，和你的客户谈一谈，了解他们对于问题的看法。安排一些采访来听取每个人的观点。你会发现采访有时就像盲人摸象：如果他摸到了大象的尾巴，他就会把大象描述成一根绳子；如果他摸到了大象的腿，他就把大象描述成一棵树；如果他摸到大象的侧面，他就会把大象说成是一堵墙。而你需要把所有的观点整合在一起，形成一个全面的看法。同时对财务和运营指标进行再评估也是一个好主意，因为这样你就能把你收集到的信息与公司的绩效衡量指标进行对比，最终根据所有收集到的信息提出你的假设。

之后，你需要非常快速地得出一些初步结论，因为这样你就可以尽快地从问题到初步答案再到测试，去验证你的答案是否准确。一旦你确定自己弄清楚了根本原因并有了可以推行的政策后，请确保客户有能力实施。你的客户可能还会寻求帮助，或者在没有你帮助的情况下继续工作。不管怎样，只有在解决方案推行并持续一段时间之后，问题才可能得到解决。如果你在最初的诊断阶段之外寻求了支持，并认识到有许多因素会阻碍问题的解决并影响最终结论，那么你需要把你的预见提前告知客户，告诉他们不要太快放弃，只有这样最终结果才不会倒退。

解决问题时，条理清晰的思考过程是非常重要的。这个有条理的思考过程提供了基于假设的问题解决结构。这会为你的咨询工作提供一些标准。当你的咨询团队中有很多人同时参与一个项目时，这种思维过程将会对你有所帮助。如果你打算将团队成员收入你的咨询企业中，那么你就要确保他们拥有和你相同的准确解决问题的技能，因为这是推动客户前进的必要条件。

请努力提高你解决问题的能力。我们可以写一本关于解决问题的书，因为它对成为一名成功的咨询顾问非常重要。事实上，大型咨询公司会花费数周时间来培训他们的顾问解决问题的能力。皮特在麦肯锡工作的前两年中接受了三周的高强度培训，而解决问题正是这门课程的核心内容，因为这项技能真的很重要。

指　导

指导是咨询工具之一，这其实也是一种咨询形式，对帮助确定客户问题方面非常有效，这样你就可以更好地解决他们的问题。再强调一次，指导和咨询的区别在于，在指导中，你会要求客户用一种自省式的问题和利用诸如强有力的请求、尖锐的问题和强大的观察等技巧来给出自己的答案。（详见第 7 章中咨询与指导的对比。)

　　这些指导工具可以帮助我们发现客户真正面临的问题是什么。当你问客户一个直击心灵的指导性问题时，通常会让他们安静下来，思考以前从未思考过的事情。以下是一些例子：

- 如果我每天给你额外一小时，你会用它做什么？
- 如果你有无限的资源，你会怎么做？
- 阻碍你的事情是什么？
- 你会先做什么？
- 你愿意为此投入多少精力呢？
- 你的理想自我会怎样打造一个解决方案？
- 如果我处在你的位置，向你征求建议，你首先会告诉我什么？
- 如果你知道你不会失败，你现在会尝试做什么？
- 仅仅因为它过去发生过，为什么就觉得它肯定会再次发生？
- 你正在做的事情令你快乐吗？
- 你想积累的经验是什么？
- 这个决定和你了解的自己有什么关系？
- 你准备什么时候开始？
- 你会采取什么样的小举措来接近你的梦想？
- 你在等待什么？
- 你认为这个故事的寓意是什么？
- 你刚刚说的哪一部分可能是一个假设？
- 这种消极情况的积极结果是什么？
- 你最常听到自己讲的故事是什么？
- 我正在问你的这些问题是你真正想让我问的问题吗？

一个坚决的请求也可以让你的客户停下来并认真思考你的问题。根据我们的经验，坚决的请求会揭露出你的客户正在处理一个非常棘手的问题。提出坚决的请求需要注意以下三点：

- 与你所关心的事物保持联系。不要让多余的细节影响到你的请求，当你开始提出请求时，要牢牢记住你所真正关心的事情。
- 真正接受肯定、否定和还价。如果你不能接受"否定"或"还价"，你就不是在提出请求，而是在提出一个要求。
- 简化你的铺垫。不要讲悲情的故事，不要做冗长的解释。太煽情的陈述会把你的情感负担转移到接受你的请求的人身上，那是一种强迫，而不是坚决的请求。所以，你只需陈述完整的内容，然后说"我请求……"即可，这就是一个充满力量的请求。简单举例，"我请求你把房费退还给我……""我请求你把垃圾拿出去……""我请求你告诉我你真正需要的是什么……""我请求你今天与我见面，完成营销手册……"

就是这样。简单，而且有效。

拥有强大的观察力，你甚至可以更清楚地了解你所看到的问题，也会让你的客户更深入地了解问题。

说到观察，特别是在今天，我们必须使我们的指导充满战术性和规范性，而不是只提供更宽泛和空洞的建议。管理者需要准确地观察他们的员工在现场或具体操作中做了什么，以及在演讲、电话推销、管理账户期间的举动。

有趣的是，观察显然是最重要的职责之一，而这又似乎是管理者最想回避的东西，最具讽刺意味的是，观察能为管理者带来的最大的回报恰恰取决于他们在这方面投入的时间。使用观察并向你的客户传授观察技巧可以为你增加更多的价值。

那么，为什么管理者会拒绝观察呢？虽然管理者们可能会抱怨说他们"没有时间去做这件事"，但他们不愿意做这件事的真正原因是，他们觉得观察真的很难，有时他们甚至会觉得抗拒和不舒服。他们之所以觉得难，是因为绝大多数管理者从来不知道如何正确地去观察，而导致的结果就是：大多数人根本就不会去做，即使他们做了，也是弊大于利。

事实上，管理者并没有注意到这一点。当一个管理者在观察他们的员工时，其实大多数时候他们看到的是他们脑海中想象的东西，他们感知到自己是正确的方式，反过来，这就是他们在倾听的东西。换句话说，他们看到的是这个员工没有按照他们的方式来建模，他们的思维是僵化的思维。

因此，管理者最终会按照他们的想法去指导员工，而不是与员工一起去发掘和创造新的可能性，并确定什么最适合员工。而这都是因为他们思维的僵化。

例如，当管理者看到一个销售人员在做电话推销，当那个销售员挂断电话后，会听到管理者说：

- 这就是你做错的地方。
- 你为什么不这样做呢？

而更有效的对话其实可以换个提问的方式，例如：

- 你打这个电话的目的是什么？
- 你认为你这个电话打的结果怎么样？你达到你的目的了吗？
- 下一次打电话的时候怎么能做的更有效呢？
- 下次什么时候再和客户联系？

其他的指导技巧还包括：探索真相、挑战客户、开阔视野，等等。

作为一名顾问，你可能需要与一些领导或团队成员进行频繁的联系以推进你的项目——你们之间需要开展一些谈话，指出一些其他人可能不愿意公开承认的事情。这不是要羞辱或伤害谁，而是为了给你的客户提供反馈，帮助你的客户或他们的团队成员清除成功路上的障碍。

当你坦诚地指出真相时，你要注意你的语气，并且要表现出对谈话对象的理解。观察结果要具体化，并且要以此为基础建立新的工作目标，这将确保你和客户整体任务的成功。

和往常一样，你也要给对方机会，让他们对你的观察做出反馈，并制订他们自己的行动计划。通常情况下，从接受反馈到设计改变行为的方法之间需要留一些空间。通过给个人这样的机会，他们会出于责任心而接受任何你对他们提出的改变，而不会觉得自己是在被迫接受别人的计划。

如果他们感觉自己像是一个被迫和家人一起过暑假的少年，你可能会遇到一些阻力。如果反馈是以铁腕方式出现的，那么往往会出现防御性行为。虽然坚定的态度很重要，但请记住，陈述才是最重要的。

核心指导技能也有助于解决问题，可以把客户的问题摆在明面上。这些指导技巧在你与客户的互动中至关重要，当你与客户团队的各位成员面谈时，你要找出他们对于问题、议题和挑战的看法，坦率地说，就是搞清楚他们日常基本工作是如何开展的。在与客户和他们的员工面谈时，你要询问问题并索要数据，因为这样你就能亲眼看到问题，而不是坐在会议室或办公桌前想象问题。

综　合

在问题解决过程的最后，你需要通过综合你所学到的来得出你的结论。综合，意味着把许多东西合并成一个连贯的整体。

综合是一种不同于总结的技能，因为这是一种提炼，而不仅仅是简单地对你的发现创建一个行政报告摘要。你获得了结论，当你对这些结论进行综合时，这将影响你的行动和你向客户提出的建议。大多数的咨询是要去真正发现客户面临的问题，然后与客户一起解决这些问题。解决客户的问题是所有合约的利益和结果。你解决问题的能力将决定客户的满意度、客户推荐和长期项目合作。

沟　通

我们都知道，交流既有口头的，也有书面的，还有肢体语言——而且需要你非常熟练地使用它们。口头和书面交流都有各种各样的方式。口头交流包括一对一的对话、面试、台前演讲、领导培训，也许还有会议——一群人在会议室，或一组人在视觉板前开会。书面交流包括电子邮件、提案、信函和合同。在 PPT 或 Word 文档中总结并逐条列出你的书面建议，并将其提供给你的团队，这会是一笔宝贵的财富。作为一名咨询顾问，你必须学会用文字和图表来表达你的发现和建议，因为这样你才能把你的观点表达得淋漓尽致，并且也能推动客户采取行动——即尽可能多交流，尽可能少打字。交流显然是一种艺术，你也会慢慢地提升。这是一种实践。

当你很好地掌握了这门语言，你就能清楚地和你的客户沟通，并且客户不会在听你说话的时候频频产生疑问。有很多沟通方式都极其有效，但有时在沟通中，我们意识不到我们的问题所在。我们可能会使用像"应该"或"应当"这样的词，或者那些被称为"终止"的词。我们可能会不小心批评、责备或探究太多，虽然探究在我们的企业中是必要的，但是过度的探究则会导致客户和我们之间产生不信任。当客户对我们所问的问题变得敏感时，他们可能就不愿意和我们交流。而如果出现了这种情况，我们就无法完成我们的工作，甚至可能无法和客户签订合同。

沟通的另一部分是肢体语言。沟通不仅仅依靠语言和语调，肢体语言的暗示通常比口语更重要。你在说话的时候一定要正视你的客户，同时要避免交叉双臂，把那些所谓的技巧都放在一边。充分关注你的客户，从他们的肢体语言中去获取

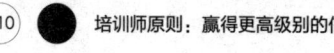

线索，这是一种积极倾听的技巧。

倾 听

倾听对任何关系来说都至关重要。我们要能深入了解客户所说的话，以及客户这些话背后的含义。当我们倾听时，我们必须集中百分之百的注意力，去倾听潜在的内涵，注意客户使用的关键字。我们有责任去避免预先判断客户所说东西的价值。与其考虑我们要说什么、如何制定我们的咨询建议，不如真正地去倾听客户在说什么。允许客户完整地表达他们所有的想法以及与我们交流是非常重要的。

当你和客户交流时，你要小心你不会总是最后发言，你可以领先客户并表现你的专家地位。你的客户一定觉得他们是沟通的赢家。当你在倾听时，你要有意识地考虑客户所说内容的逻辑，以及它是否真实可信。你希望以一种客观的方式来倾听，并保持中立。这意味着你在听的时候没有将内容与结果提前联系起来。忘记那些"我……我……我……"的想法和你的感受。相反，站在中立的立场对你的客户做出反馈。当你用中立的语气说话时，你说话的方式和你说"你想喝杯咖啡吗？"是一样的，但你内心没有了预先设定的答案。中立的谈话意味着你对于任何结果都没有议程设置或附加件，虽然这些结果可能会展示你的学识和优越感。如果客户想要咖啡，你不会在询问前进行任何议程设置；同理，当你问客户其他任何问题时，你也不应该有任何议程设置。

你总是希望通过和客户沟通来确保双方能够相互理解。你可以这样询问："这是正确的吗？"或者"我理解对了吗？"你可以经常做这样的"确认"，以保证你和客户保持了相同的步伐。不要认为沟通是理所当然的，澄清声明对于充分沟通来说是非常重要的。

所有的这些都是积极倾听的技巧。比如复述你所听到的内容，反复检查你所听到信息的质量，无论是语言的还是肢体的，这些技巧其实都在倾听中扮演着一个非常重要的角色。一段谈话内容，7%是通过文字表达出来的，23%是通过声音的语调理解的。最重要的，35%的谈话内容是通过面部表情传达的，另外35%则是通过肢体语言传达的。这一切都意味着，当你在积极地倾听时，你要想深刻理解说话人的话语就要同时感知说话人的语气，以及他们面部和身体动作。然而，积极倾听并不意味着你认可表达者的观点，而是意味着你能听进去并理解他们的话。

虽然你可能并不会拥有所有高超的沟通技能，但你可以慢慢学习。你已经有了足够的技能去开始这一切。就像所有与我们合作的咨询师一样，你会从你的错误和你遇到的机会中学会很多。你在客户面前表现得越多，你就会变得越好。当你与合适的指导教练一起工作，并从有经验的顾问那里得到指导时，你会学得更快，赚得更多。同样，作为顾问，我们必须言行一致，学习必备的知识，然后把你的企业带上一个新的高度。

另一个与沟通相关的高级技巧是知道什么时候"戳客户的眼睛"。这句话的意思是，就像你用棍子去戳熊，熊会醒过来追你一样，同理，你需要推动客户去行动。但是如果你用错了方式，那他们会恨不得吃了你。

我们常会说"这个孩子真丑"，这是我们需要注意的一件事。想象一下，你碰巧和一个客户在一起，他创建了一个流程，但这个流程失败了。客户可能会拒绝你的修改建议，还可能会拒绝听你的数据和那些证明他们流程失败了的事实。这时，如果你能够以一种基于事实且清晰的方式来沟通实际情况和事实真相，会有助于客户接受你的观察和想法。尽你最大努力在交流中撇开情感，去坚持事实和数据本身。当你确定了自己的意见时，你就要明确你的意见是什么以及你为什么会有那个意见。

倾听中常见的错误

倾听中常犯的一种错误是你进行了过度分析。即你在不断地释义并试图理解客户说话的潜在动机。与此相反的，是你在没有分析议程的情况下，接受客户的观点。

还有一种被称为滞后的倾听错误需要引起注意。滞后是指你在脑海中去回想你听到的东西，而没有全神贯注在客户身上。

遗漏是另一种倾听错误，它与滞后很像。即当你只抓住客户所说的部分内容时，你只盯住那部分内容，然后就会错过后面的内容。

当你没有真正理解客户的感受，你只是在听他们说话，而忽略了他们说话的语气，甚至没有注意到他们说话的表情时，这就是倾听不够。而当你这样做的时候，你会错过客户所说的话的真正价值。

过度倾听是指你强化了你感受到的情绪，而不是越过情绪和语言来试图理解客户所说的话，你可能总是在他们的话语感受到更强烈的情绪。

在客户没有说完他们想说的话时尽量不要催促，不要使用诸如"我知道""我去过那里""我明白了""我听见了"的话去打断客户，安静地聆听就好。只有当感同身受是真诚的时候，它才会是件好事。

通常，一个非常常见的倾听错误就是添油加醋。你开始自己概括客户所说的内容，并添加内容。

也许是最糟糕的（或者最令人讨厌的）是一些顾问把鹦鹉学舌或镜面映射混淆为一种技能。你永远不会想要记住别人的原话，然后不断地用它来回应他们。当你与人交流时，向对方重复他们说的话会被认为是一种侮辱性行为。但我们惊讶地发现，在许多指导教材中，镜像成了一种技能。

记住，你的角色是一个倾听者，作为一个倾听者，你实际上是一个询问方向和澄清问题的观察者，而不是直接分析问题。作为一个倾听者和成功的沟通者，在你给出任何想法或解决方案之前，一定要先征得客户的同意。当我们在咨询企业中听取客户的意见时，我们要保持高度专注。我们要去留心那些非语言的线索，并且对客户所说的话保持注意力及好奇心。我们是一个总结者，我们和谈话者合作，确定他们面临的问题属于哪个领域，然后在我们很好地完成了倾听工作之后，我们将进入解决问题的模式。

第二节　高级技能的发展

在这一节中，我们将继续描述一些你需要着重发展的重要技能。当你继续与新客户合作时，请参阅本节内容并有意识地练习我们为你列出的这些技能。

模范领导力

领导力是所有顾问的必备技能。领导力包含三个方面：自我领导力、团队领导力和客户领导力。自我领导力很重要，因为作为个人，你需要成为领导行为的规范。你希望你的团队和客户成为什么样的领导者你就要扮演什么样的领导角色。你要永远记住，作为一个领导者，所有人的目光都将聚焦在你身上，因为你是一位会帮助客户走出困境的专家，并且你是有偿的。如果你有一个资源团队作为你的咨询团队与你一起工作，他们也想要（希望如此）模仿你，因为你领导了自己的团队。这就是人际交往技巧和传统软技能发挥作用的地方。你所拥有的团队活力、沟通能力以及领导能力都能帮你和客户和谐共事，确保咨询工作顺利进行，并创造巨大的团队成果。

作为一名顾问，你必须善于自我管理，这样你才能拥有高水平的效率和生产力。自我管理之所以重要，有两个原因：第一个原因是与客户的约定往往是快节奏和高期望的，你需要在很短的时间内为你的客户创造巨大的影响力并完成很多工作，重要的是你要高效地开展工作；第二个原因是所有的目光都会集中在你身上，所以如果你表现得有条理、高效率，那么客户会认为他们从你交付给他们的东西中收获了价值。其实，真正的价值来自你为你的客户实现的财务成果。如果他们的财务状况因你的参与而改变，并且他们看到了这种变化的影响，那么他们会很高兴，他们会相信你的咨询为他们的公司带来了真正的改变。

在这一过程中，客户亲眼所见的东西是很重要的，他们会认为你帮助他们增加或不增加价值，与他们的财务状况如何变化无关，而与他们在你身上观察到的情况有关。你必须有超强的组织能力，能够高效地组织会议，并且擅长演讲，能展现高水平的沟通技巧。自我领导会对你的客户和咨询团队产生很大的影响。

领导与管理

在我们看来，传统管理方式已经被淘汰了。命令和控制模式不再起作用，这也是那些依赖这种方法的公司损失大量企业的原因之一。在第一次世界大战中，公司就开始使用命令和控制模式，对待员工就像是大人告诉孩子要做什么一样，而不是被授权对自己的角色负责。而你要知道你不是一个指挥官或控制者，你处在领导职位或经理职位，然后更进一步，把两者都做好。

有一种说法是"管理者把事情做正确，而领导者做正确的事情"。"现代管理创始人"彼得·德鲁克认为，商业是一个由人驱动的企业，企业需要盈利并承担社会责任，优秀的领导力是既能把事情做正确又能做正确的事情。不过关键在于你要行为正直，尊重与你共事的人。如果你做到了这些，那么你不仅会通过这样的行动推进你的项目，而且你也会为参与人员谋福利。

开发你的直觉

有时候,要想得到正确的结论,你不仅仅需要利用你的五种感官。领导力成功的关键是运用我们的直觉,而直觉来自大量的自我意识和非依附性。

虽然你更愿意用你的五种感官去亲身实践,并且不完全相信你的直觉或第六感,但我们打赌,你对直觉的依赖性要比你意识中的大得多。事实上,在迈尔斯布里格斯类型指标中,感官与直觉正是该工具测量的四对偏好或二分法中的一种。

无论你是否愿意承认你运用了直觉,你都可以学会对你的直觉建立更强的信任并且提高你的领导素质。一种方法是中立地看待形势。当你陷入一种困境时,首先请确保你的心情良好,然后看看你的想法和计划是否会给你带来快乐、担心、恐惧或怀疑。保持中立的最好方法就是活在当下。如果你感觉某件事情刺激到了你,你很可能是把过去类似经历的情绪投射到了你正在经历的这件事上。

开发你的直觉需要放慢脚步,给你的灵感一些空间。直觉最大的破坏者就是繁忙的日程安排,你需要每天把自己从任务和技术中解放出来,并且最好是在每天的同一时间。不管你把这称为冥想、沉思,还是叫冷静期,总之,这些时刻是产生那些"顿悟"的关键时刻。

你一定要认识到,当你对某件事情产生了直觉,遵从它,结果证实了你的"直觉"。这将为你在更多场合下变得富有直觉奠定基础。

保持情商

作为一名领导者,你希望自己可以庆祝成功和成就,不管它们有多小。真正优秀的领导者总是会表扬别人,不轻信所有的赞誉,并且善于观察。我们发现,领导力的最高品质之一就是懂得鼓励，并能够保持真挚的兴奋来引领大家。你会期待成为一个充满激情并且能够自我领导的领导者，因为自我领导意味着你以一种受驱动的方式出现在客户的约定中，并且你对完成目标以及成为客户团队的一员保持兴奋。请确保你迈出的每一步能够激励到你。运用情商技巧，如自我意识、自律、毅力、同理心、亢奋和对客户承诺的热情来推动结果。要关注负面情绪，避免它们影响到你的决策能力。

伟大的领导者会控制自己的情绪，尤其是被我们称为三大情绪的"愤怒、焦虑和悲伤"。这些都是正常的人类情感，而你是一个会经历这些情感的正常人。然而，重要的是不要让这些情绪来掌控你。作为一个领导者，你要记住你不仅仅是在激励别人，你也是在激励自己。动机这个词的词根是拉丁词 move，作为一个领导者，你在调动别人的同时，你也要调动自己。控制情绪是保持前进状态的必要条件。未解决的问题会导致拖延症，在某些情况下甚至还会导致抑郁。

重要的是你要意识到你的情绪是真实的，它们是重要的指标。如果我们和你一起工作，你作为我们的一个客户或者我们策划团队的一部分，我们可能会针对你的具体情况进行更细致的讨论，运用指导技巧引导你在更大程度上自我发现自己的感受，以及为什么会产生这种感觉。请记住，意识到自己的感受和了解感受产生的原因是至关重要的。你无法读懂别人的情绪，除非你真正了解并且感同身受。

海军海豹突击队老兵、《从战场到董事会》一书的作者布伦特·格里森说："一个缺乏情商的领导者是无法有效衡量他们所领导的人的需求、希望和期望的。如果领导者不能过滤自己的情绪，就会导致员工之间产生不信任，并且会严重损害他们的工作关系。用不稳定的情绪来应对问题可能会对公司的整体文化、态度以及对公司和工作中的积极情绪造成不利影响。因此优秀的领导者必须要有自我意识，并且要懂得自己的语言和非语言交流是如何影响团队的。"

领导者有能力提高组织或公司的生产力和持续增长能力——无论是对你的客户还是你自己，请确保你一直在激励客户（和你的团队），并尽可能高效地朝着最终的结果前进。此外，当你的客户团队中有很多成员的时候，你必须确保你展示出了你作为顾问或咨询公司的核心价值。作为一个领导者，你要与你的团队成员一起去发展团队并提高他们的技能，还要时刻关注你的团队和客户的跟进状态。

一定要清除自己是如何管理和领导自己的，并且对自己的自我管理和情绪行为负责。请永远记住我们说过的话——领导者是被追随的，而管理者是制定规则的。我们要成为一个领导者。

给予和接受反馈

当你在组织中管理一个团队时，你会希望你的团队成员都有非常特别的表现。有一点是必须要做到的——你的团队能够提供建设性的反馈，并且确保这些反馈是激励人心的。因为很多时候，你需要这些反馈。

尤其是当事情不如你所希望的那样顺利时，你要专门培养接受反馈的能力。在这种情况下，承认自己的错误并为团队提供反馈是很重要的。好的领导者是会让成员感受到自己是正确的、受人尊敬的、被人重视的。

每一位领导者随时会面临困难，而优秀的领导者必须要有能力真正做出艰难的决定。他们知道，通过这些决定，他们会推动组织向前发展，团队中的领导者们也会知道如何促进团队成员之间的积极互动并保持前进的势头。成员们可能性格各异，但一个领导者要专注于维护组织的稳定，尤其是在处于变动之中的时候。一个好的领导者是有远见的，并且能为整个组织坚持住这份远见——这样的领导者有能力让团队中的每个人都团结在这个愿景周围。领导一个团队一方面需要提高组织内部的适应性的能力，同时也需要具备组织内稳定性的能力。影响力是最高水平的交流，这包括在每一个步骤都要提供有价值的反馈。

管理客户期望

对于客户规划管理来说，有一些重要的事情需要特别注意，比如管理客户的期望，确保你所管理的项目有明确的可交付的成果，并且正在按部就班地进行。至关重要的是，客户要了解项目的状态，并能为确保项目的成功尽自己最大的力量。在客户方面，有时会发生这样的情况：客户认为你作为顾问，能帮助公司完成一切因为太忙而难以完成的任务。这可能包括：安排会谈的日期或执行某项任务。如果这些操作没有按照你所期望的时间发生，那么项目可能就会失败，而你可能也会因此面临难以完成当初承诺的项目结果的危机。客户规划管理包括状态检查和更新会议，以此确保客户和团队成员能够按时、有序地交付你所要求的内容。

不是所有的反馈内容都是积极的。通常情况下，你的客户可能需要收到反馈来让他们知道自己或者团队的行为，正在给项目的最终完成制造障碍。另一件需要考虑的事情是你要确保你给出的任何反馈都不是批评性的。当反馈能全程激励客户并提升企业表现力时，这样的反馈是最好的。去真诚地引导客户，给出积极的或消极的反馈，然后帮助客户采取行动。无论客户的问题是什么，你都要帮助他们找到解决问题的方法。当你在为客户做规划管理时，要做到实事求是。为了实现他们的目标，你要激发他们的效率，并且工作中尽可能地把自己看作团队的一员。你还需要确保你正在向客户展示你在客户身上或组织中发现的价值。你的客户正在寻求解决问题的方法，这时，一个好的领导者需要告诉客户事情的进展如何以及什么做法是正确的。

在客户合作中成为一个好的领导者意味着你在发展客户。发展客户包括增强他们的自尊和提升他们的技能、他们的行为，以及他们如何表现。发展客户还包括通过培训和开发计划使客户获得持续提升。这有助于客户设定一个可实现的目标，并让你可以带领客户通过真实的反馈达到这些目标，同时他们也能达到你的咨询协议的目标。

激 励

激励团队的最佳方法是保持积极的沟通，帮助客户在各个级别的团队之间、成员之间进行沟通。就客户的参与度而言，一个好的领导者不仅仅要管理好自己的情绪，还要能够管理客户的情绪。无论是职业上的绊脚石，还是职场上的个人问题，这些对客户来说可能都是难题。不管怎样，你的职责就是帮助客户建立良好的工作关系。

对你的客户和他们的团队而言，一个鼓舞人心的人能让所有人都站在同一条战线上。因此，你需要确保每个人都理解组织的愿景和咨询项目的愿景。每次会面、互动和会议，你都要始终做一名鼓舞人心的领导者。激励是你为客户带来的一项重要的领导技能。

建立信任

在与客户的每次互动中，信任都是一个关键因素。作为管理客户团队的顾问，你要确保你的团队能够完成约定的工作。有时，这意味着你要做得更多，为你的团队和客户提供最好的协助来帮助他们完成手头的任务。

你与客户做每一件事时，你都要找好自己的位置，要让他们觉得你是一个值得信赖的人。你越被认为是一个值得信赖的人，客户会向你公开分享的信息就越多，你也就能给他们带来更大的利益。

与员工、客户、团队和经理建立信任时，你需要清楚哪些信息是保密的，而哪些信息可能需要与高层管理人员共享。当你和某个员工或团队坐在一起时，你会期望他们透露的一些信息能传递到公司高层，因为员工们总是需要知道这些信息。有时你会和某名员工或团队一起工作，他们私下会告诉你一些事情，你可以与组织分享，但是需要对信息匿名。对于什么是保密的，什么是公开的，你一定要保持坦率，这样，公司里的人就不会觉得你辜负了他们的信任。如果有人认为你已经辜负了他们的信任，那么合作的机会将会是渺茫的。

实施进度审查

进度审查是管理合约、管理客户、管理团队的关键工具。这是一个周期性的暂停，你可以利用它分享你的发现，并从你的客户那里得到认可。进度审查有多种目的。

第一，这是与高级客户领导层的沟通，他们想知道项目是否走在正轨上。高级管理团队想要知道你所处的确切的进展位置和进展情况。

第二，进度审查是及时组织的时刻，也是一种强制机制，它能确保每个人都在规定日期之前完成任务。它对你的咨询资源、客户，以及客户的团队成员是有效的，这样，人们就知道在进度审查日期之前需要完成哪些工作。

第三，进度审查是一种很好的强化机制，它可以将所有不同的工作综合成一个全面而有凝聚力的整体。这种审查有助于将独立的工作、独立的分析和独立的操作结合在一起，最终实现项目所追求的有意义的结果。

项目评审的目的是通过你的整个项目进度来证明你确实走在正轨上，或者是提醒你注意在项目开展过程中出现的任何问题，因为在项目结束时，是不允许出现任何意外的。你需要掌握所有的事情，并且让客户对你的结果感到兴奋，这主要取决于你如何管理他们的期望，并在这个过程中通过使用进度评审来向他们提供反馈。当客户没时间与你进行日常会面时，进度评估就是争取时间的一种很好的方式。也就是说，最好的客户参与流程就是那些设置定期会议的流程，这些会议使客户能够每天、每周和每月都完全处于进程之中。

我们建议每个月都做一次进度审查，并且短期项目可以做得更频繁一些。你可能想要重申项目的愿景，这样，你可以确保每个人对项目目标的理解是一致的。这是你可以反复检查你与客户对当前现实的看法、清晰度和理解是否一致的方法。在进度审查期间，你们可以讨论过去的一周或三十天内发生的事，并确定目前你在客户目标上的确切阶段。然后，你可以决定接下来要做什么，以及下个月客户的计划会是什么。

当你与客户坐下来进行进度审查时，你审查的是支持客户目标和愿景的行动计划。在审查过程中，你要向客户说明你的责任，同时也要评估客户的责任。这些进展审查，以及双方的问责制，是与客户之间达成成功合约的必备条件。将这些审查会议看作是一种定期打卡，我们通过这种方式讨论取得的成果和资源，并确保你和客户始终处于同一战线。在审查阶段，你可以确保在与客户的合同结束时不会出现失误，也不会出现客户指责你没有做到你应该做的事情，或者"我不知道会发生这样的事情"。再次强调，我们强烈建议你对较长的项目至少每个月做一次项目审查，对较短的项目每周做一次审查。这将确保你和客户达成高度一致的意见，并且你也会将项目朝着商定的合作目标继续推进。

在客户进度审查期间，你可以使用诸如识别差距这样的指导技巧。在这三十天（或每周）的时间里，弄清楚项目想要达到的进度与项目实际情况之间的差距。之后，你和客户一起决定你需要做什么，然后再提出一个联合协议，并朝着达成的协议前进。

去影响你的客户采取行动

在这一系列高级技能中，我们要讨论的最后一个技能是影响力。影响力之所以如此重要，是因为你作为顾问，是一个局外人，并且作为顾问，你并不享有公司的业绩。你的客户才是拥有咨询项目的全部所有权和项目成果的人。你的客户需要对自己的最终成果负责，并且明白自己的行动和决定（即使他们可能会遵循你的建议和策略）是实现目标的关键。这一切其实都取决于你的客户，而你的工作就是说服客户相信正确的道路，对他们实施关键步骤的决策产生影响，最终使你的建议成为现实。

作为一名顾问，最令人沮丧的情况之一，就是你用全面的眼光和非常清晰的思路去审视了一个公司的真正需求，并且以极大的准确性去预测了他们一旦做了你所要求的任何事情，他们将会获得什么收益。但是，他们却什么也不做，或者他们尝试过但是又放弃了，又或者他们敷衍地按照你的建议去做，但事实上他们现有的文化和工作方法未做任何改变，仍然停留在最初的位置。这会让你发疯，因为你是那么的关心他们的成功，而他们却没有做他们分内的事情。有时候，你甚至可能已经详细地列出了每一步的计划，而他们所要做的就是按照步骤执行即可。

这就是需要影响力发挥作用的地方。你正在影响人们去改变行为、做出决定和采取行动。你在激励客户对那些有可能实现的事产生兴奋，并且有勇气做出对他们来说可能是十分艰难的决定。如果你对最有利于客户的事总是怀着最高的诚信态度去做的话，那么你将帮助客户明确什么对他们是最有利的。只有这样，你才会觉得你可以完成你的工作。

发挥影响作用意味着你要确保你在围绕问题、情况和解决方案与客户进行相互沟通。除非你和客户意见相同并达成一致，否则你就无法有效地施加影响。作为一个有影响力的顾问,为了给一个组织制订解决方案,你必须围绕这些解决方案与客户展开对话。即使你作为顾问,很清楚解决方案是什么,你也需要让这个组织通过积极参与问题解决和头脑风暴的方式,使他们感觉自己也参与了寻找解决方案的过程。当你的客户视你为专家时,最好的影响方式就是让客户的团队成员共同参与决策,因为这样一来,他们就会与你拥有相同的想法。事实上,任何时候,在解决问题的过程中,行动步骤上的共识对于项目的成功至关重要。另外,作为一个有影响力的人,你要确保你一直在跟进项目进程。每当组织和团队采取行动时,你要确保他们会有一些跟进措施,你和你的顾问团队也要坚持检查你的客户是否采取了行动。

一个优秀的有影响力的人懂得肯定他人的成就。当你引导客户、赞扬客户、关注客户做得好和做得对的地方时,客户们就会继续做得更好。我们在前面提到的指导技巧,例如提出强有力的问题,它对于提高影响力是非常有价值的,强大的观察力和坚决的请求也是非常重要的两个技巧。这三种不同的指导技巧与有影响力的客户顾问紧密相连——即协助客户进行头脑风暴,并对客户所面临的挑战提供解决方案。(有关这些技能的更多信息,请参阅第13章。)

对高级技能的总结

为了总结这部分内容和我们关于咨询技能的讲解,请记住,从个人发展和持续改进的角度来看,不论你现在的技能水平如何,你都可以开始与你的第一位客户合作。保持开放的心态,要知道随着你进一步地扩展这些技能,你还可以获得更多。你越有效地运用这些技能,你就能更快地对你的客户产生影响。无论是通过你的努力,还是你团队的努力,你对客户的影响越大,你从咨询费里赚取的钱就越多。总之就是,发展技能,创造影响力,增加收入。

第三节　最大化你的影响力——在客户参与之前

客户影响最大化模型™

我们已经创建了客户影响最大化模型™，它可以描述你如何在每个参与的步骤中增加价值。这个过程实际是从你如何准备和做出合作决定开始的，甚至在你与你的客户签署合约信或合同之前。

这个模型分两个部分，每个部分都包含一些元素。在本节中，我们会介绍这个模型，然后详细讲解每个元素背后的细节，这样你就能够理解需要做些什么才能最大限度地影响你的客户。以下是这个模型的详细说明：

第一部分：客户参与之前

- 元素1：开发符合你自身市场定位的框架
- 元素2：诊断和评估当前形势
- 元素3：明确要解决的问题

第二部分：客户参与期间

- 元素1：吸引客户并让他们参与到你的进程之中

- 元素 2：传播信息并建立沟通渠道
- 元素 3：设定指标并定期确认结果
- 元素 4：部署策略和行动计划
- 元素 5：讨论进展并庆祝成功

在本节中，我们会阐述第一部分"客户参与之前"中的元素。在下一节中，我们会阐述第二部分"客户参与期间"中的元素。

在"客户参与之前"这一部分包含三个元素：开发、诊断和确定。开发符合你自身市场定位的框架；诊断和评估现状；确定要解决的问题。我们将深入研究每一个特定元素背后的细节，帮助你理解它们的含义，并明确在你与客户签订合作协议之前需要做什么。

元素 1：开发符合你自身市场定位的框架

我们之前在第四章提到了框架。在这里，我们将更深入地讨论为什么构建你的专有框架比营销更重要，因为它们将为你的咨询企业搭建能够成功的结构。

框架是构成系统概念或文本基础的基本概念性结构，创建框架非常重要，因为，首先，你通过创建一个密切关联的图像或模式来把全部内容整合在一起，这种方式可以帮助你厘清思路。其次，它能帮助你向他人传递你的想法。

在某些情况下，我们自己会先画出一些二维甚至三维的简单图形，然后可以让设计师据此创造一些能用在演示报告中、嵌入书中或放在网站上的图案。其他的模式还有利用首字母缩略词，比如目标管理的 SMART 原则，S 代表具体（Specific），M 代表可度量（Measurable），A 代表可实现（Attainable），R 代表现实性（Realistic），T 代表有时限（Time bound），S-M-A-R-T 就是目标设定过程中用到的框架。皮特有一个主题是"实现目标的 5 个 C"，其中"5 个 C"代表一个框架,它们是级联(Cascade)、创建(Create)、提交(Commit)、确认(Confirm)和庆祝(Celebrate)。在这一节中,你可能会注意到我们讨论的每个元素都以字母 D 开头,如开发(Develop)、诊断(Diagnose)、确定(Determine),这本身也是一个框架。

创建框架的要点是帮助你清楚地了解贯穿在你脑海中的概念和原则。一旦你清晰地表达了你的想法,你就能更容易地向其他人——尤其是你的客户——进行传达。

框架是你做其他事情的基础,当然,它们会在你与客户谈话时帮助你描述你的思想和方法。除此之外,你还可以在你的营销材料中去描述这个框架,把它放到你的网站上,写进你的博客里,创立一个主题演讲,甚至为你的框架编写培训材料。又或者你可以将你的框架嵌入其他的演讲活动和演示文稿中,因为这个代表你的想法的"图片"会让别人更容易认同你。

那么如何创建框架呢?想象一下,你和一个朋友坐在咖啡馆里聊天,他会问你一些问题,比如:"你会怎么做?"或者"情况如果是这样的……你会怎么做?"然后,你拿起一张餐巾纸和笔:"我想这件事应该是这样的……"你一边写写画画,一边侃侃而谈,有时是一幅画,有时是一些字,就在谈话结束时,瞧!你创建出了你的框架!

这个框架可能在谈话中变得非常具体,或者更广泛地适用于更普遍的情况,这本身就是很重要的一点。如果你和一群人坐在星巴克,他们一个接一个地过来和你坐在一起,问你同样的问题:"这是我的情况。你会怎么做?怎样才能做到?"你会这样回答:"嗯,我是这么想的……"最后,你面前会有一堆餐巾纸,上面都是精心绘制的框架和对它的描述。随着时间的积累,当你的思想凝结成更有凝聚力和更普遍的东西时,你的框架就开始变为一种共识。

例如,当皮特为他的咨询公司创建"企业转型框架"时,为了创建这个框架,他进行了多次迭代。坐在星巴克里，他反复琢磨，画着、草拟着许多图画和概念，直到他认为自己找到了一个合适的框架。"制胜整体转型模型™"是经过一段时间思维过程的发展而形成的最终结果。他的框架可以指导一家公司如何用一套完整的图表去思考其转型之路。有趣的是，随着时间的发展，框架内的元素发生了细微的变化，他的观点也在不断发展。尽管如此，基本框架是没有变的。你可能会发现，你的框架也是如此演变的，因为随着时间的推移，随着经验的增长和更多的"灵感"出现，你的思维也会随之进步。

类似地，我们在准备网络研讨会时创建了"做强公式"。当我们进行"做强你的咨询事业"现场研讨时，我们进一步将它表示为一个圆圈图形。它完美地阐述了为什么你需要持续为客户提供惊人的价值。

PACK 模型是我们在本书中描述的另一个框架。我们在整个第四章讨论了营销步骤的定位、吸引、转化和保持关系。

用框架引出框架

有趣的是，你可以创建其他框架来描述主框架元素背后的细节。当你描述其中的某个独立的元素时，也可以使用同样的创建方法。例如，在"制胜整体转型模型"（皮特的企业转换框架）中，有一个元素叫作"有意识的领导力"。"有意识的领导力"有一套自己的三维框架，用来描述这种领导模式及其原理。

我们之所以用很多时间来讨论框架，是因为对你来说，阐明你的想法并用一种其他人能快速理解的方式表达出来是非常重要的。我们希望你的客户能够迅速理解你的观点并产生共鸣。一旦他们了解了你是谁，你是怎么想的，感受到你与他们的想法一致，他们就会因为认同你处理问题和思考问题的方式而决定选择你来帮助他们，然后，你就可以把和他们的谈话变成一次描述你会如何帮助他们的分享会。

练 习

我们希望你现在就开始行动，创建一些框架来介绍你是谁，以及你的想法。回到你的核心独特定位声明之中，看看你要为客户解决的问题列表。你和你的咨询公司提供的方法有什么独特之处吗？你所做的与周围其他人可能做的不同之处是什么？

想象一下你和你的目标客户坐在星巴克，他们就遇到的问题和挑战向你咨询，你用笔和餐巾纸向他们描述你认为解决他们这些问题的最好方法。那么你画出来的框架是什么样子的？你要概括出你的框架中两到三个与众不同的概念。

元素 2：诊断和评估当前的情况

"诊断"就好比当你走进医院对医生说"医生，我这里出了问题"时，医生会对你做的检查。在医生制订治疗方案之前，他们会先问你一些基本的问题，之后可能还要做一些快速的检查，也许还会让你去其他科室做一些测试。最后将所有这些数据结合在一起，再对你的病情提出最终的诊疗方案。要知道不同的医生会有不同的治疗手段，同样，不同的咨询师也有不同的风格。有些医生在匆匆浏览病人的各项检查数据之后，会根据自己的经验很快做出判断，然后根据自己的职业判断开出药物处方，病人拿药就可以走了。另一些医生则会花很多的时间深入了解病情，询问病人更多的问题，他们会发现药物解决方案可能并不是最好的方法。任何一位医生都有自己遵循的治疗方法，有的是走快速解决方案的捷径，他们希望能快速地解决问题（如果行不通，他们会尝试其他方法）；有的则是遵循更深层次的方法，他们会在做出诊断和建议之前，参考更多的检查指标。

对于培训师来说，也存在上述情况。就像医生会有不同的类型一样，你会成为哪种类型的培训师呢？你会根据自己一直喜欢反复使用的工具很快做出判断，然后告诉客户你为他制订的方案，还是会在制定你的策略和方法之前，去研究每个公司和客户详细情况的细微差别？

皮特最近给一个咨询外包商打电话，这个人想请皮特来帮助他的潜在客户，因为这个客户的问题超出了他的能力范围。（记住，你的咨询外包商是自由代理人，除了为你做工作之外，他们通常还有自己的咨询客户。）这家客户公司的规模非常庞大，遍布美国数百个地区。这个咨询外包商在电话中告诉这个客户，需要在所有地点实施5S现场管理法来解决使客户损失了数百万美元的问题。5S是一套源自日本丰田生产体系的基本原则。（注意：5S现场管理法是一个框架，即整理（SEIRI）、整顿（SEITON）、清扫（SEISO）、清洁（SEIKETSU）、素养（SHITSUKE）。这套框架在生产现场能够对生产要素进行有效管理，保证现场的清洁、整洁和安全。）皮特的团队拒绝参与这个项目，因为他们认为这其实只是在应用一种工具，就好比开了一种药，这种方式可能会让客户觉得有一些效果，但并不会真正地解决他们损失数百万美元的问题，也不会为他们节省出一大笔钱。

你可能会想到诊断是这样的：当你的家用小型货车出现噪音或乘坐感觉颠簸时，你把车开到修理厂，询问："你能消除噪音吗？"或者"我的车开起来好像很颠簸。"然后修理厂修好你的车。

有一些咨询顾问更倾向于解决问题。如果你通过一个诊断过程来帮助你找出哪里出了问题，那么你就可以变得很擅长解决问题，因为这个诊断过程就向你提供了正确的解决方法。

还有一些人开着赛车，就像你在赛道上看到的那些人，或者像《速度与激情》里的那些人一样。他们想找到一种提高汽车性能的方法，他们知道所有部件工作的效率和比率，如果他们把标准部件换成一些更强的部件，汽车的行驶速度每小时应该能提升十多千米。这是你可以选择的另一种咨询顾问类型，即你可以更深入地去挖掘，提升一个已经表现良好但还没有充分发挥潜力的企业的绩效。

诊断过程

无论在什么情况下，你都会希望从诊断分析开始咨询工作，因为这样你就可以了解到将要解决的真正问题，以及对你的客户来说真正的改进点是什么。这是把理论和假设转化为实际证据的过程，这样你也就能知道你的客户在一个相对短的时间内可以取得什么成果。这可能是一个两年计划的大纲，也可能是未来六个月为了获得一些快速成果的活动内容。对你来说，这两者都很重要。

当你进行诊断的时候，其实你也是在使自己确信自己可以帮助这个客户。即使你很清楚你可以向他们提供帮助，你仍然需要描述整个过程，即为他们描绘一幅未来的蓝图。同时将这份蓝图与以下因素联系起来：他们的财务状况；运营指标，例如他们的生产效率如何，他们可以减少多少成本，如何更便捷地交付他们的产品和服务；对客户的影响，以及他们可以获得的收入增长。把你所有的想法转化成真金白银，让它具有实际的意义，并向客户提供一个基于他们企业财务状况的发展可能性预测。

你的诊断中很可能包含一个分析，在这个分析中，你可以深入了解他们的财务报表以及现在企业运作的基本情况。在此基础上，你可以预测你的新方案——不管是去解决问题还是将之提升到性能改进的层面——所产生的影响。然后你将其转化为客户们的经济收益，你的诊断将为你的客户提供价值数百万美元的方案，而这并不困难。

元素3：确定要解决的正确问题

现在你已经完成了你的诊断过程，你需要开始做以下这些工作：

- 寻找你在诊断过程中列出的长列表中的潜在问题和你假设的最重要的问题
- 回顾你的分析，然后把你的注意力集中在一些你认为必须先解决的问题上
- 确定你为客户提供的服务不只是解决问题，更是让他们能有更好的发展你知道能达到客户期望的最重要的方法。

确定要解决的问题和采取的正确手段是至关重要的，原因如下：

第一，你要找到最快的解决问题的路径。如果你追着一个错误的问题不放，那么你可能会花很多精力在一些并不能迅速产生效果的事情上，也就不能满足客户对你作为顾问的高度期望。

第二，你不想让你的资源浪费在无关紧要的事情上。开展不同的咨询业务对客户资源的调用不同，可能会对其公司的运营造成相当大的影响。你要确保他们的团队成员都各尽其用，这样他们就会觉得自己有所作为。此外，如果你有一个大型咨询团队负责这个客户项目，你也会希望能够确保你的咨询团队的资源可以用在处理重要的事情上。

第三，你希望得到一个有实际意义的结果，以此在最短时间内使你的策略和建议具有可信度。着力在正确的问题上，并且可以看到立竿见影的影响，让客户看到他们的资源在哪里能够产生重要的结果，这会帮助你与客户快速建立关系，从而为你之后持续为客户提供建议打下更高的信誉度基础。

当你完成了你的诊断，并且也确定了达到更好咨询效果要解决的问题和采取的正确手段，对你来说，接下来与客户达成共识是很重要的，因为这样他们才会接受你的观点。你需要去总结你的诊断过程，然后提炼出一个或多个重要的、逻辑清晰的关键点去描述"结果"。列出你建议客户采取的不同方案，然后取得主要的客户经理、主管和团队成员的支持。你在寻求与客户达成共识时，也是在获得继续服务该客户的权利，因为你与他们的互动方式，以及你通过诊断分析得出

的数据和结论给他们留下了深刻印象。你现在已经确定了要解决的正确问题，并且正在获得他们的支持，然后你也激励他们采取了行动，并继续作为他们的咨询合作伙伴来指导他们。

你开发了一些帮助你展示自己能力的框架，让你的客户了解了你的思考过程。你通过诊断评估和理解了目前的情况，并且你已经确定了要解决的正确问题。如果到目前为止，你的工作已经给客户留下了深刻的印象，那么你现在就可以带着一份签好的合同、聘书或任务订单离开。恭喜你！你现在已经有了一个即将启动的客户项目！

第四节 最大化你的影响力——在客户参与期间

在上一节中，我们描述了客户端影响模型的第一部分内容——在客户参与之前。在本节中，我们将描述第二部分的内容——在客户参与期间。

在客户参与期间，包含五个元素：吸引、传播、定义、部署和讨论。吸引客户并让他们参与到你的进程；传播信息并建立沟通渠道；定义标准并定期确认结果；部署策略和行动计划；讨论进展并庆祝成功，这些要素对于确保客户成功参与项目是至关重要的。

元素 1：吸引你的客户并让他们参与到你的进程之中

在开始一段合作关系和启动一个新项目的时候，就要把你的客户拉进你的进程之中。举办一个项目启动活动或者会议，让你的客户在活动上介绍他们的问题或愿望诉求，描述为什么自己会选择启动这个项目，表达已经决定与你合作的欣喜（"与你合作"是一个关键词）。而作为他们的咨询伙伴，你要帮助他们实现设定的目标。这是一个让客户了解你的机会。活动的主持人将介绍你和你的咨询团队，包括已被选中参与此项目的关键成员。同时，也会介绍客户公司中被选定来参与项目的关键人员。当然，在活动之前你们应该已经提前讨论过这些安排，活动的时候只需要咨询团队负责人和客户团队成员出席就行。在启动会议上介绍一下这些人员，这样每个人都能了解到客户和咨询团队中的关键人物。

根据咨询项目的规模，你可能需要成立多个项目团队，确定一个客户主要负责人和咨询团队主要负责人来总体协调，在一个统一的基础架构下启动所有的项目。我们强烈建议，这种管理架构要把客户团队和咨询团队的人员都包括进去。咨询顾问和客户之间要每天、每周和每月都有正式的交流。

每日交流可以是一次项目进展更新会议或只是一次简单的碰面，你的咨询团队负责人和客户团队负责人见面并确认项目目前的进展如何，比如已经出现了什么样的挑战，什么障碍可能会被扫除，以及下一步的行动计划是什么。

每周的进度回顾可能涉及在项目现场的部分内容。这是这个项目的客户发起人向客户团队负责人和咨询团队负责人提问的机会，以确保他们了解项目的进展和发现被忽视的问题，因为我们不希望在项目过程中出现任何意外。

关于月度管理，我们建议进行一次客户指导团队或执行团队会议，其中客户团队负责人和咨询团队有机会向客户团队人员简要地介绍项目进展、面对的挑战和未来计划。如果你有多个项目团队负责人，这是一个让他们与他们负责项目的客户负责人面对面交流的机会。这也是为客户引入咨询团队的最大好处之一。客户团队中的高层领导通常不怎么露面，因此也没有太多机会与项目执行人员交流，这正是执行人员展示自己的机会。

吸引客户并让他们参与到你的项目过程中，其实也是一个分享你在领导项目推进时运用的"日常工作理念"的机会。你可以通过向客户团队灌输新的原则来推动他们开展正确的活动，使客户有能力去解决问题，并大大提升他们的绩效。

当你描述项目计划的时候，阐明项目中的不同人的角色和对他们的期望也是很重要的。你需要考虑团队负责人、团队协调人和团队成员等角色，并考虑你的项目执行发起人和其他执行团队成员，以及你希望他们如何与团队进行交流沟通。在这个过程中有需要实现和完成的工作，有被要求的交流沟通程序，也有需要实现、评估和交流的结果。你会希望得到关于你做得怎么样的反馈，以及去交流你的进展，因为这样其他参与这个项目的人才能知道发生了什么。

泰瑞很好地管理了这些团队和团队会议，每次的客户参与活动都井然有序，泰瑞把这些团队称为"转型团队"。在皮特的公司里，他们被称为"突破团队"。当然，无论你选择如何称呼它们，确保你对项目进程有明确定义。

元素 2：传播信息并建立沟通渠道

那些最成功的客户参与的活动和项目都会有一个非常清晰的主题和结构，而你作为顾问可以在其中与客户团队分享活动进展。这就是项目管理治理结构在日常交流、每周进度审查和不太频繁的（可能是每月的）进度审查讨论中发挥作用的地方，但形成这样的结构只是要做的工作的一部分。你还需要做的是获得客户高层和中层经理的支持，这样你就能了解到客户希望以何种方式与你沟通，以及他们希望如何参与项目。希望我们概述的治理结构将能为实现这一目标提供大部分的基础保障。

有的高管会希望与你进行更频繁的一对一的会面，他们更喜欢你直接在内部的一对一谈话中告诉他们项目的进展，而不是等到举行公开的项目会议再说。这就需要你灵活地去构建你的项目治理结构。另外，在一对一的谈话中，你可能会发现一些在解决之前你不想公开谈论的问题。因此你需要创建一个交流通道，以便在客户或你需要的时候能够进行这样的讨论。

明确地询问也是一个好主意。比如问如下问题：还有谁需要加入项目中？还有谁需要知道结果呢？在我们启动任何重大变革措施之前，需要咨询谁？

RACI 模型是一个相对直观的模型，用以明确组织变革过程中的各个角色及其相关责任。RACI 同样适用于咨询业务。R=Responsible（谁负责），即负责执行任务的角色，他/她具体负责操控项目、解决问题。A=Accountable（谁批准），即对任务负全责的角色，只有经他/她同意或签署之后，项目才能得以进行。C=Consulted（咨询谁），拥有完成项目所需的信息或能力的人员。I=Informed（通知谁），即拥有特权、应及时被通知结果的人员，却不必向他/她咨询、征求意见。

这是一个很有用的矩阵工具，它可以帮助你找出谁是关键的组成部分。在作出每一个重大决定的时候，你能知道谁是负责执行的，谁是负责批准行动的，在这个决定被执行之前你需要咨询谁，以及你需要告诉哪些人你在做什么。

当你在应用这个工具时，你要知道去分享"什么"和"如何"。你要确保当大家在迷茫苦恼的时候，你可以在他们受挫跌倒之前有办法拉他们一把。这不仅适用于客户团队成员，也适用于你的咨询团队。如果你有一个较大顾问团队参与到了项目之中，并且每一个咨询顾问团队成员都分别负责项目的不同部分，你会想知道你的团队成员是否遇到问题，如果他们需要帮助，你又可以做些什么来让他们回到正轨。

让我们来直面这些问题吧，从客户的角度来看，客户团队中的每个人都是你要负责的人，你需要确保你的团队成功，因为这关系到你的公司信誉和品牌。我们可以对客户说："当你有疑问的时候，直接问就可以了。"

可以问以下的这些问题：
- 你希望我们怎么跟你沟通？
- 你喜欢我们分享信息吗？
- 如果诸如某某情况出现时，你希望我们如何处理？

在每一种情况下，你都要尽你所能地保持积极主动。

元素 3：定义标准并定期确认结果

尽管传播信息和建立沟通渠道的过程很重要，但同样重要的事情是，你要对达到成功有一个一致的标准。要提前确定好这些内容，甚至在与客户的合作开始之前以及你在采取正式行动之前，这对评估结果来说至关重要。

你问自己这样一个问题："项目怎样才算是成功？"你先从客户的角度，再从自己的角度，去判断成功是什么样的。你要牢记客户的观点以及对他们来说什么最重要的。此外，将你的成功标准与你在和客户确认合作之前向客户提供的诊断联系起来。

要注意的是，这些内容将会因为计划和项目的启动而发生改变。你可以从经营指标和财务指标的角度来进行考虑。

- 能提高多少生产率？
- 工作可以更快地完成吗？
- 客户的体验怎样？
- 员工的体验如何？
- 质量标准、交付标准、生产力标准和效率标准分别是什么？
- 你能节约多少成本？
- 你能带来多少新的收益？
- 你可以释放多少库存？

从根本上说，财务的驱动因素包括收入、成本和营运资本。

你不需要对所有事情都使用标准去衡量，因为这可能并不会产生什么效果。然而，跟进你计划中最重要部分的进展是至关重要的。你要指导客户去定义他们将交付什么，就和定义一个目标一样；你也要确定成功的衡量标准。一定要去跟进这些内容，并在执行的过程中与执行人员一起密切关注它们。

元素 4：部署策略和行动计划

在诊断或给客户建议的过程中，你列出了一些为了获得想要的结果而建议的策略，这些策略将帮助客户从当前的工作状态提升到一个更高效、能够带来更好的全新未来的状态。制定策略是一回事，而采取这些策略并明确行动的步骤则是另一回事。

- 你带领他们战胜挑战的行动计划是什么？
- 用图表来显示有关步骤和时间是什么样的？
- 计划的步骤是什么？
- 每一步计划由谁负责？
- 还需要用到其他资源吗？
- 为了在你承诺过的时间框架内让计划成功，各个步骤的时间安排是怎样的？

在明确地定义了这些标准之后，你现在可以确保你所部署的计划步骤将根据预期的时间线完成，能够及时向客户交付结果。这将保证与这些标准关联的目标都能顺利实现。最好的行动计划实际上会有一种影响力，即每一步的行动步骤都将向它所设计的标准迈进。

举个例子，如果你的目标是增加 100 万美元的收入，那么你的每一步行动步骤应该都能体现一些收益，因为这最终的 100 万美元收益是通过每一个行动步骤来实现的。如果所有这些步骤获取的收益加起来达到 100 万美元或更多，那么你就知道你的行动计划足以实现你和项目执行发起人所期望的结果。如果你计划的各个步骤的预测收益加起来不到 100 万美元，那么你会知道你的行动计划还不够完美，因此你需要做更具体、完善的行动计划才能有希望成功。

在项目策略和行动计划中有一些重要的元素需要明确：

- 谁是这个策略的负责人？
- 你如何衡量策略的成功？
- 实现由标准定义的目标所需的具体步骤是什么？
- 为了确保成功，什么时候是实现那些具体步骤的最好时机？
- 谁来负责完成每一个步骤？
- 你需要其他团队成员加入进来帮助你实现这些步骤吗？
- 然后，请考虑我们在之前所描述的 RACI 模型。在此过程中，各个步骤需要去咨询谁以及需要通知谁？

不幸的是，我们经常看到一份行动计划写得非常好，但是却没有得到那些对如何完成工作有发言权的人的认可。这并不是说其他经理在有意阻止你前进，但不幸的是，有时候这就是你不让他们参与到你工作中来的后果。

如果你已经对上面提到的内容的重要性有了深刻了解，你就能有的放矢地在你的客户合约中最大化你的影响力。吸引你的客户并让他们参与你的项目过程；善于传播信息和建立沟通渠道；定义衡量结果的标准；部署你的策略和行动计划。所有的这些步骤都将引导我们进入下一个元素，即讨论进展并庆祝你的成功。

元素 5：讨论进展并庆祝成功

讨论进度是正式沟通的要素，与我们前面所描述的项目治理结构保持一致，能帮助客户发起人和执行团队理解你是如何实现这个项目所设定的目标的。如果你把所有其他我们已经描述过的元素都放到了合适的位置，那么你在客户那里获得成功的可能将最大化。客户团队成员可以在进度回顾会上去进行展示，当获得的结果超出旧模式可能带来的最好期望结果时，他们会觉得自己是英雄。你介绍了新的原则，让可能取得的成果更加丰富，这就变得非常令人兴奋了。当他们有机会站在老板、老板的老板、同事和其他团队成员面前谈论他们所取得的进步时，他们就真正兴奋起来。对于你的客户来说，这是一个关键时刻，你的职责是帮助他们振作起来，拥抱可能发生的变化。你鼓励他们接受新的现实，因为那是他们在新标准下的结果，然后最终，你要鼓励他们庆祝取得的成功。

帮助你的客户认识到他们正在取得的成功的高度是你作为咨询顾问的重要职责。你正在向客户团队成员传授新的企业实践知识，这些知识正是基于你之前所介绍的新原则。如果你能继续证明这些原则有作用，那么将有两个作用：一是，让客户对他们自己和可能发生的事情更加有信心；二是，对你继续担任他们的顾问给出的建议有信心。

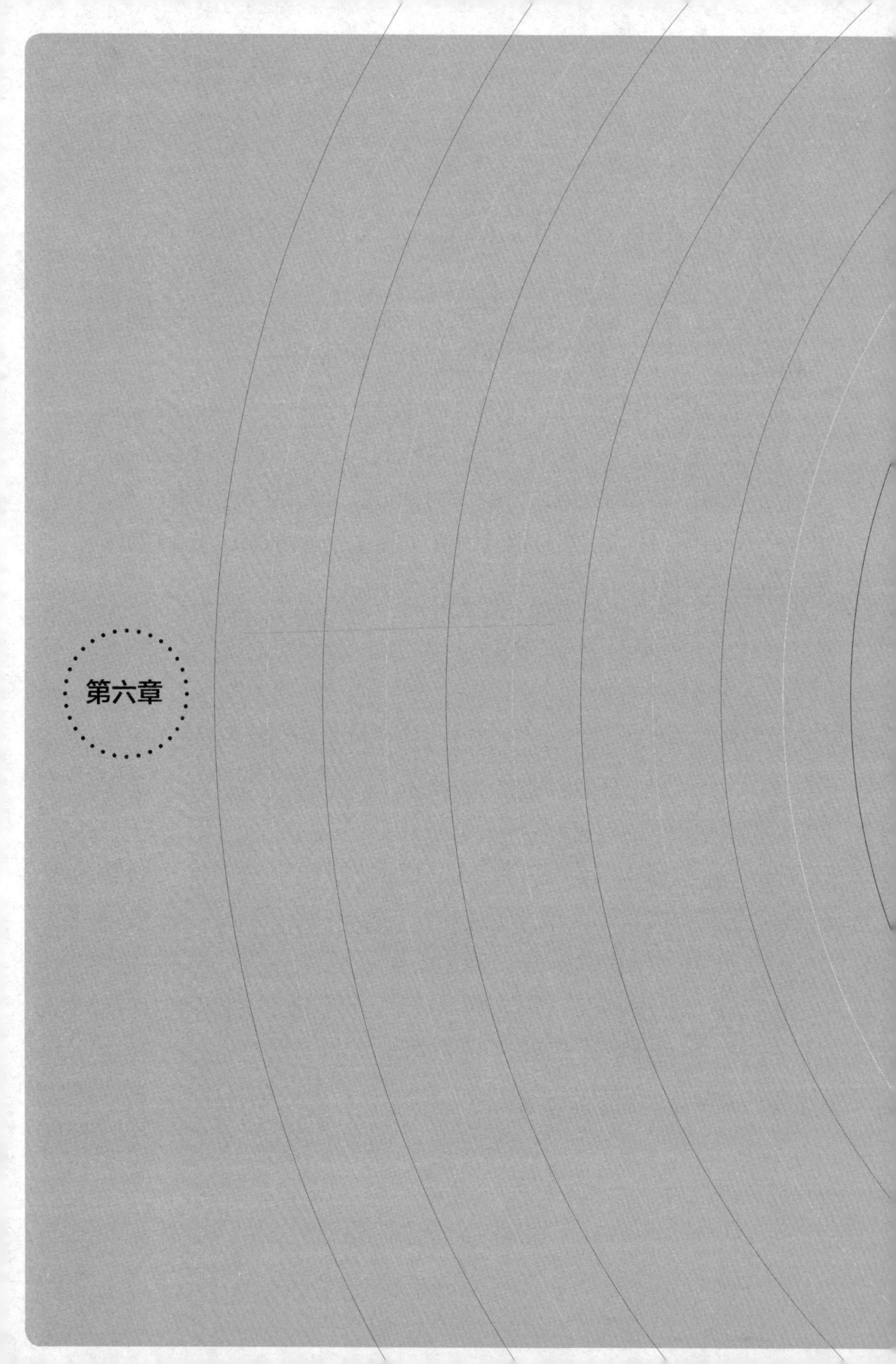

第六章

典型的客户问题

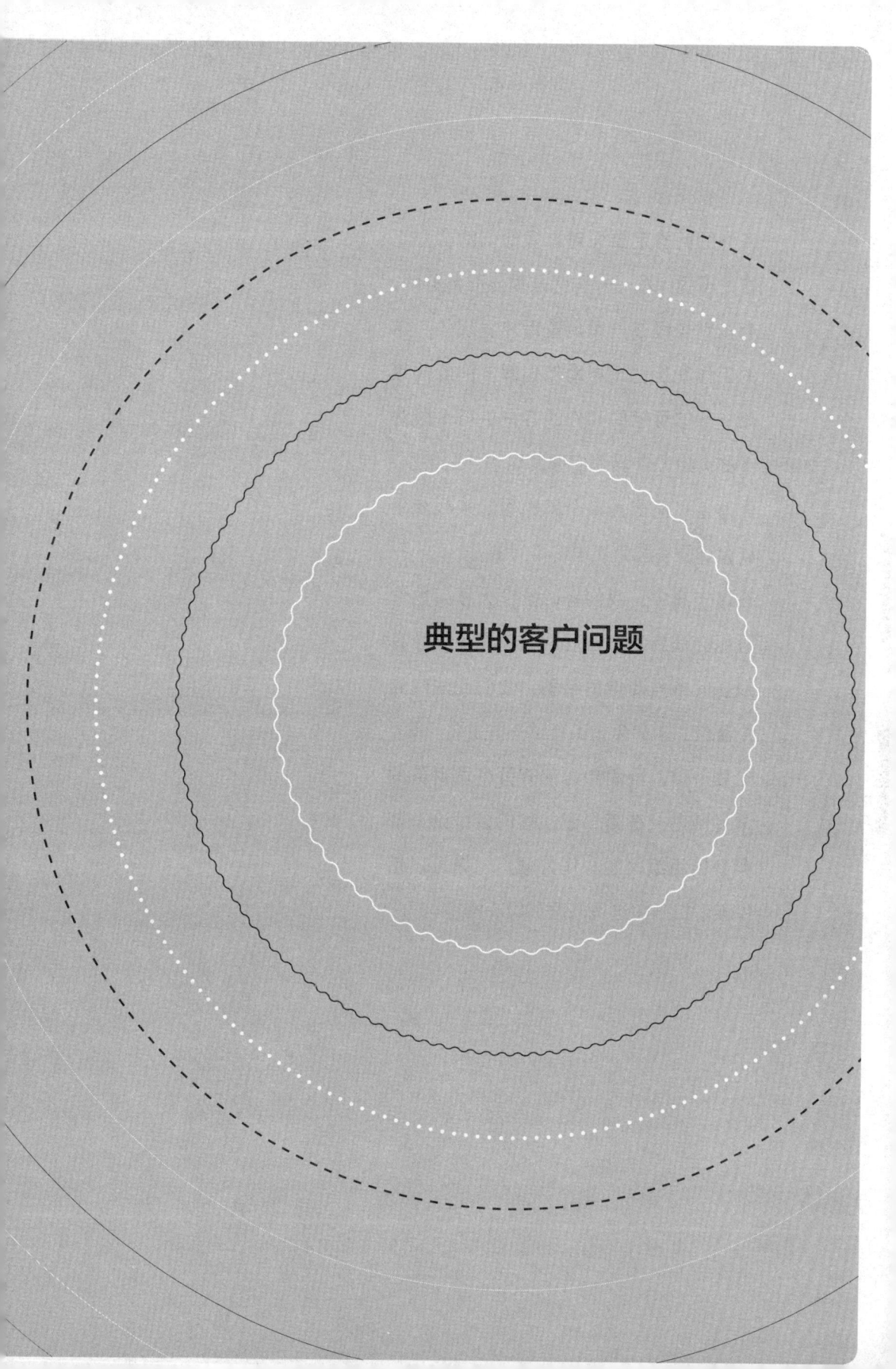

咨询顾问肯定要面对许多他们的客户正在处理的问题——有些是很显而易见的，有些则是经过一番调查后才发现的。你的工作就是讨论帮助他们解决问题的策略——你可能要和你的客户进行一段艰难的沟通，告诉他们你发现了什么问题，而他们可能因为某个问题看起来很棘手就会试图去避免处理这个问题。

在这一章中，我们将讨论作为顾问的你可能会遇到的一些问题。客户可能会有很多问题需要你的帮助，我们无法做到全覆盖，本章会重点介绍一些主要问题。在第一节，我们会讨论有关公司财务的常见问题，在第二节，我们会讨论一些典型的组织问题。作为顾问，你可以借鉴我们提到的这些问题和解决措施。

第一节　保持良好流动性——解决财务问题

几乎每个客户所遭遇的问题都会对其财务状况产生一定的影响。有时问题出在某个职能领域，比如工程或运营部门，一旦你解决了出现问题，就能马上看到经济利益。而还有些时候，解决问题在财务上并没有很好的体现（至少与预期相去甚远），你需要深入研究财务报表，弄清楚如何提高收入、降低成本、改善现金流，等等。

在本章中，我们展示了各种客户问题，尤其是与公司财务业绩相关的问题。在开始之前，让我们先来了解一些财务基础知识。

基础财务报表

这里我们要普及一些基础概念，以确保你们能理解我们表达的内容。你可以在这些概念旁边标上记号，以备将来参考。

最重要的财务报表是收支表，也叫损益表，还有资产负债表。你也可以看看他们的现金流量表或者其他显示以上内容的详细表格。通常情况下，你要查看当前年度或过去12个月的数据，并参考过去几个季度或几年的数据，以了解公司的发展趋势。你可能需要制定未来一年的预算，这些数据就都能帮上忙了。

损益表主要是把收入、各种成本、利润等综合在一起，同时也包含结果的小计，比如毛利润（收入减去销售成本），运营利润（毛利润减去运营成本，包括间接成本和销售/管理费用），净利润（运营利润减去所有其他费用）。有的公司会关注他们的报表底线并要求其经理对业绩预期负责，这些指标包括：息税前利润（EBIT）以及息税折旧和摊销前利润（EBITDA）。

资产负债表则记录了公司所有资产的价值、负债以及公司的资产净值。现金是公司最重要的资产之一，你需要确保公司有足够的现金流来保证其运营。营运资本是另一项重要的衡量指标，即流动资产减去流动负债，以及衡量公司偿还短期债务的能力。存货是营运资金的一部分，需要在出售时转换成现金，所以过多的存货是对现金的不良使用。

公司财务问题

从公司财务报表的角度来看公司的业绩，你可以对公司的现状做出一些判断，并提出一些可能需要改进的问题。你可能对他们所在的行业有所了解，会将他们的财务报表与你的预期进行比较。你要注意某些比率，比如库存周转率，对它们现在的表现作出评判。回顾历年来的生产率改进趋势，或者调查成本占收入的百分比，如果它们与正常情况相差甚远，你就应该帮助这些公司确定问题的根源并进行改进。

大型企业会具备先进的财务报告系统和高水平的内部会计人员，这将使他们可以通过拆解整个公司的业务来寻找问题。企业是由相当复杂的人员、流程和材料组成的，它们结合在一起为客户提供产品或服务。在理想的情况下，所有的活动都会被记录下来，并且可以被审查。大公司，尤其是那些上市公司，对自己必须达到的目标设定期望，如果结果没有满足他们的预算或者没有达到经营团队或老板的期望，那么他们会在这种情况变成灾难之前按照危机来处理。

你会听到一些高层次的问题，比如没有达到利润预期，营收下降或者现金流不佳等。你可能还会学到下一个层次的问题，比如生产力低下、库存过多、积累缓慢等。每一个问题都会有相对应的财务语言来描述，告诉人们这些问题如何在业务细节上对公司产生影响。

小型企业则不会有非常详细的财务报告。在需要的时候，可能他们的会计人员会编制损益表和资产负债表，但更多情况下他们判断公司成功与否的标准是公司账户上的钱的多少。小公司的问题可能和大公司的问题一样，但他们看待这些问题的方式却要简单得多——就是看现金流。

现金流对每个企业都至关重要，就像氧气对身体一样。如果你的企业没有现金流，公司就会倒闭。大型公司在面临现金流问题之前，就会出现一些问题，比如产能下降或收入减少——或者与之相反的情况，比如超出其实际交付能力的收入增加。那些真正只关注自己现金流状况的小公司可能会在不知不觉中陷入这个问题。

从财务角度看，现金流是利润、可转换现金资产（如过去投资产生的库存可以形成现金流量）或融资（为你的公司注入资金）的函数。在这里，我们避开谈论融资，因为要谈论的是你如何帮助客户提高财务绩效，所以剩下几个选项给你：一是帮助他们提高获利能力，也就是获得更多的收入结果、支出更少的成本；二是让他们用现在已有的资产变得更加高效，而营运资本是他们可以着手之处。

想一想一个公司是如何陷入困境的，你会发现它有时是基于一个特定的事件，但并不总是这样。通常是企业管理的方式导致它们背负上财务压力。例如，由于一个重要客户取消了未来的订单，公司的收入可能就会因此下降，而其他任何领域的开支都可能会上升，收入和成本的这些变化都给提高利润带来了极大的阻碍，利润是正现金流的主要来源。又或者，你的客户可能在过去已经贷了款，而现在他们必须用手头有限的现金安排其他支出，这也就限制了他们的投资能力。

作为一名顾问，你会成为某种程度上的侦探，去找出是什么导致了经济状况的恶化。在你这样做之前，你向客户提出的改进建议可能不是针对问题根源的。最终，你将致力于分析公司运营的特定要素，以帮助他们增加收入，降低成本，提高营运资本。

接下来就让我们来分别讨论该怎么做。

增加收入

从根本上说，收入是售价和销售量的函数。如果你能以同样的价格卖出更多，那么你的收入就会增加；或者如果你能卖出同样多的数量，但价格更高，那么你的收入也会增加；如果你既能卖得更多，又能卖得更贵，那收入就会大大增加。

通过研究消费者正在购买的产品，观察邻近的市场，推出互补的产品，进入新的领域，甚至推出全新的产品或服务，来帮助客户寻找增加销量的机会。在每种情况下，你的目的都是希望找到一种方法，在不提高成本的情况下实现更多的销量，从而增加哪怕百分之一的收入。

你还可以通过进行定价分析来确定市场会接受什么样的价格，从而帮助客户增加收入。你经常会发现很多公司已经有一段时间没有涨价了，而这就为市场提供了一个接受涨价的基础。

有时，公司的固定资产还未得到充分利用，因此通过降价来大幅增加销量，从而保持较高的产出是一个最好的选择。安德鲁·卡内基在他的钢铁公司中将这一策略作为他企业战略的一部分，这让他的钢铁厂能保持100%的产能，从而也让他成为这个世界上最富有的人。

降低成本

降低成本要从研究财务报表开始，你要从直接成本和间接成本两个方面来理解企业的成本结构。这些成本包括直接材料、直接人工、间接人工，以及所有的管理费用，如管理人员工资、租金、水电费用等。

如果你与许多公司合作，那么可以肯定的是，你会发现客户的一些成本与你对他们所从事业务类型的预期不一致。在这种情况下，你所面临的挑战就是要制订一份计划来使得成本回到你预期的水平。作为一名咨询师，你要做的另一件事是研究成本构成——对成本进行类型划分，确定成本最高的类型。对于制造企业来说，直接材料占成本的比例超过50%并不罕见。你可能会发现，成本中人工费用占了30%，剩下的20%则是各种管理费用。

为了解决企业面临的成本问题，你可以采取不同类型的咨询服务。例如，有了第一手资料，你可以做一个采购审查，看看不同商品的价格是否符合你的预期判断。你可以通过"征求建议书（RFP）"的形式帮助你的客户找到合适的供应商，并重新协商价格。在劳动范畴内，降低成本就意味着生产力的提高。你还可以在生产力改进方面开展许多服务，其中可能包括实施全套的精益生产原则。精益生产通常会通过重新设计流程让原材料和信息以一种更加精简且不浪费的方式在公司中运转，从而获得巨大的生产率增长。

还可以通过研究和改进其他类别的开销来节省一些成本，要注意抓住机会做出一些也许能帮助降低成本的改变。其中一些机会会比其他的更容易识别和执行。水电费可能是最难解决的问题之一，因为水电费用是生产产品或提供服务的必然开销，最后都要按照一定的费率乘以用量付费给提供水电服务的部门。所以说，当皮特在麦肯锡公司的时候，他带头进行了一些制造业公司的问题诊断工作，在那里他们研究水电费成本，将其作为降低他们客户的转换成本的一个攻坚方向。麦肯锡有一个能源领域的业务部分，建立了一个记录不同地区的水电费率情况的数据库。因此，通过了解客户的水电费率，皮特和他的团队与数据库资料对比就可以告诉客户他们是否支付了过高的费用，并向他们提供相应的信息，以便双方就降低水电费率的问题进行沟通。

最容易解决的问题之一是运费，有两种方法可以立即降低运费：第一，是与货运供应商谈判，看看他们是否会降低运费；第二，看看你能做些什么来控制你需要运送的货物数量——尤其是带着一种错误的紧迫感而总是使用加急服务产生了很多加急运费。如果客户在加急运费上花了很多钱，比如要求第二天就送到，通常表明存在一些问题，可能是在生产环节或销售环节上。这个潜在的问题造成了昂贵的运费问题，导致客户花额外的钱才能在正确的时间把材料送到正确的地方。因此，只要解决这些问题就可以节省实际的成本。

与上面的降低水电费的例子类似，我们知道有一些顾问是货运成本方面的专家，如果客户向货运公司支付的费率过高，他们能告诉你其中的原因。你会经常遇到客户要求大幅降低运费，你需要知道降低幅度可能达到什么程度，用一些专家信息来帮助你和客户谈判。你可以自己是减少运费方面的专家，或者当你需要这类专家的时候，你知道如何找到并让他们成为你的团队扩展成员。

如果你碰巧是精益生产和转型方面的专家，那么你可能会发现自己有能力进行更深层次的运营改进。即使你不能精通这些技能，你仍然可以使用其中的一些来减少你在体系中看到的浪费或没有增值的工作。

其他可以显著降低成本的举措包括找到降低企业复杂性的方法。一个领域的复杂性往往是跟库存单位的数量有关。许多客户公司发现他们只是为了满足客户订购某个零件就持有存货；然而，这个零件通常已经很多年没生产了。你可能会说服你的客户，他们最好取消这种库存单位并且再也不生产，然后卖出存货以减少存货所需的空间，并将存货的价值从资产负债表中释放出来。

作为一名顾问，解决问题的技巧是很重要的，它肯定会帮助你的客户降低成本。你要清楚，客户企业中的每一个问题都可能在某种程度上转化为下游的额外成本。如果你能帮助他们发展解决问题的技巧和方法，他们就能在第一时间预防问题，或者至少能快速地解决问题，从而帮助他们节省出巨额的成本。你会被视为一个英雄，并且会更有可能被要求为他们提供额外的咨询工作。

提高营运资本

营运资本按流动资产减去流动负债计算。流动资产是指可以在一年内转换为现金的资产，例如应收账款（消费者欠你的客户的钱）、存货和预付费用（这使得客户可以将现金用于其他目的）。流动负债是指你的客户预计在一年内支付的账单，包括应付账款（你的客户应付的费用）和短期债务（贷款的流动部分）。

提高营运资本就像把属于客户的钱收回来一样容易。如果你的客户确实有很多应收账款未清，那么采取措施收回应收账款就是重中之重。给那些收到发票但尚未支付的顾客打一个电话要比给他们提供一个付款计划来得容易。你可以帮助你的客户做一些必要的分析，从而找出哪些地方的资金可以轻松收回来。

提高运营资本最大的机会通常是减少库存，因为这样可以提高运营效率。这并不总是一个立竿见影的方法，但一些减少库存的因素可以很快发现并利用。看看是否有库存已经闲置了很长时间，也许你的客户五年前在大宗采购一些原材料时获得了折扣，但他们可能永远不会使用剩下的原材料了；又或者，他们原来预计一些产品会获得大量订单，但他们生产的产品却比销售的多，最终成为库存。去卖掉存货！你要做的就是帮助他们进行库存分析，并指导他们去销售库存。

为了能长期保持低库存，你的客户可能需要在他们的企业运营中做一些非常深刻的改变。这些改变可能发生在你的客户的市场预测、产能计划、采购、协调、生产和分配过程中。如果你能引导他们从精益生产原则或丰田生产系统的角度去整体性地改善这些过程，那么库存的减少量可能就会是巨大的——可能会超过80%。重要的是你要认识到，这不是一次小改变，而是一套涵盖了企业大部分业务的相当深入的改革。

改进职能部门的业务流程

为了达到预期绩效，公司的职能部门可能会面临一些必须解决的独特挑战或问题。例如，新产品开发是否花费了太长时间？订单处理部门是否丢失了订单，导致客户服务团队接到额外的投诉电话？产品有质量问题吗？月末的会计核算是否花费了太长时间？供应商是否存在问题导致公司生产原材料短缺？诸如此类的问题我们还可以列举很多。

你除了要考虑跨部门的问题之外，还要考虑职能部门内部的问题。包括产品开发、质量管理、客户服务、运营、销售或营销以及公司内的其他职能部门。作为咨询顾问，关键是要能够认识到每个职能领域都存在这些挑战。如果你在职能领域有深厚的专业知识，那么你就会有本能的洞察力来帮助你的客户识别和解决这些挑战。

例如，假设在产品开发中，发布一款新产品的时间比客户期望的时间要长，也比你的竞争对手或客户的竞争对手实际用的时间更长。这表明，启动一个项目或计划来帮助客户减少他们的新产品开发时间对他们来说非常有价值。你可以领导一个工程分析，研究客户产品开发的过程，并找出如何在关键路径上进行改变，将总体交付时间缩短到目前的一半，让新产品能够快速地生产出来。当完全实施这些改革后，能够更快地推出新产品，从而增加收入和提高边际效益。

想想这个问题：在生产过程中某些特定的质量问题是绝对要解决的，因为在市场上，这种差质量会给你客户的顾客带来大麻烦。在解决问题过程中，你要领导运营团队，并利用工程专业知识来解决这个质量问题。

我们可以对每个职能领域进行不断的研究，并提出更多的例子，关键是你要明白其中的要点。

作为一名咨询顾问，你也可以从更多的角度来指导客户进行改进。例如，我们相信不需要昂贵的自动化，任何团队或过程的生产力至少可以提高10%。想象一下，你每天能多完成10%的工作，并且现在你将这种做法扩大到你的客户群体——在一个更大的组织中，你的这种做法可能影响的是数百万美元的收入！你可以帮助你的客户去研究他们的业务过程，并设计一个计划来实现节约成本的目标。

每一个问题，一旦解决，都会对财务产生影响。例如，解决质量问题将减少库存和劳动力，因为你不再需要返工；当你不再需要将产品运来运去或频繁更换零件时，运费也会随之降低。

对于每一个你所实现的改变来说，详细列出节省的成本是很重要的。因为你可能会惊讶地发现，你带来的点点滴滴的进步加起来会带来多么巨大的价值。你要去跟进并告诉客户这些节约出来的金额，让客户对你作为他们的顾问所做的贡献感到兴奋。

第二节 组织化的挑战

在观察组织化的挑战时,重要的是采用某种诊断方法,通过评估公司组织中各个领域的绩效统计数据来找到存在的缺陷。在为客户提供服务期间,你可以通过确定基准线,为你制订一个可供客户参考的计划打下基础。通过这种方式,你能够记录哪里有了改进,从而确保客户确实取得了实质性的进展。

通过进行诊断,你可以确定自己打算如何进行变革,以及组织希望如何进行变革。例如,可能你在客户的销售过程中发现了缺陷,你可以确定该如何推进改善项目,以保证组织每个领域的绩效表现都能令人满意。去了解一个组织的整体表现,弄清他们面临的挑战,并确定哪些变化是我们理想中的变化,这是很重要的。将组织看作一个整体——囊括团队、个人和客户,并确定组织内的人员如何有效地做出公司想要的成果。

- 他们拥有正确的技能、精力和动机吗?
- 他们工作团结吗?
- 他们有解决问题的态度吗?
- 人们能够对他们的角色负责吗?

- 他们认可自己的绩效表现吗？
- 他人有需求时，人们会负责地回应吗？
- 他们需要被告知要做什么吗？

我们还建议你，去了解一下企业对未来的展望：

- 企业希望在未来达到什么目标？
- 他们在谈论作为一个组织可能达到的高度吗？
- 他们是否愿意接受改进建议？
- 组织会鼓励和奖励团队成员所做的努力吗？

当你确定组织远景即组织目标时，你要确定团队中的每个人知道组织目标是什么，以及他们能够理解自己在组织中担任的角色，知道他们的工作实际上是如何与整个组织的目标相联系的。团队中的每一个成员都要看到大局，并意识到他们的个人表现会影响到公司的业绩，因为这一点非常重要。

在你开始处理这些挑战之前，你和客户要确定如何去验证方案的有效性。还有确定如何衡量这些变化带来的价值，比如投资可以用财务回报来衡量，从而确定一个项目是否值得做，是否对组织产生影响。

在面对所有组织化挑战时，你需要明白以下这一点：为了得到你想要的结果，你采取的措施需要遵循一整套技术性的步骤，但是在公司内部，这套技术性步骤的实施取决于人。无论是作为个体还是团队一员，人与人之间相互作用的过程是动态而复杂的，这就导致技术上看你的方案可能是完美的，但你得到的结果却可能远远低于其潜力。在这种情况下，需要调查组织内不同领域的问题，因为这些问题对最后结果的影响可能比乍看上去要更大。

此外，还有一些可能存在问题的领域需要注意，包括：文化、领导力一致性、组织结构、角色和责任、问责机制、人才和绩效以及士气。

文 化

文化是所有员工信念、思想和行为的总和。这里我们面临的挑战当然是唯一可见的事——人们的行为，即人们采取的行动或者他们做和说的事。人们的思想和核心信念支配着他们的思维方式和行为方式，而这些对一个组织造成的严重破坏是无形的。

如果企业文化不能对企业起到支撑作用，那么它肯定会成为企业发展的阻碍。因此，如果你观察到不同的行为，识别出了那些与公司发展方向一致的行为和那些阻碍公司发展的行为，这会帮助你对公司文化的绩效水平形成判断。如果公司的文化不是适合它的，那么你就需要启动一些不同的计划来改变公司的文化。

了解什么计划最合适的方法就是进行诊断，以发现客户的特定文化问题。根据这一指导原则，在大多数公司中所采取的重要的举措包括成立团队来改善沟通机制，听取员工的意见并创造有趣的合作方式。随着千禧一代员工人数的增长，你的客户会希望让他们保持对公司的兴趣，否则这些员工可能会跳槽到其他公司。对员工进行引导干预，以创建客户想要的文化，这对塑造文化至关重要。因此，你可以通过帮助客户设计特定的领导力计划，让管理者们强调和强化的企业文化得到全员认可。

领导力一致性

第二个可能存在的问题是领导力一致性。对你来说，关键的一点是要确保领导者的关键职能对组织有意义，并且领导能力与相关的任务能够匹配。另一件事是要确保领导者认同公司的愿景和目标，并且具备良好的沟通方式，得到大家的认可，以及拥有合适的计划性工具。具备这些基础后，在消除实现其具体目标的障碍时，他们就可以按照你引导的路径克服前进。了解每个团队的职能是很重要的，如果团队配备了合适的人员，能够记录这些产生阻碍的问题，真正解决起来就会事半功倍。

为了使团队保持一致，我们要做的一件事就是识别并列出一份完整的障碍问题清单。你可以通过培训会来做到这一点，在培训会上你可以看到所有真正阻碍你的问题。这些问题可能是：缺乏目标、领导才能、团队合作、纪律、信息或沟通。之后，你要向领导者阐明这些问题，并与之确认。

你要去确认客户团队缺少什么，并确定领导者是否需要培训或团队建设服务。这可以成为一个能帮助他们更有效地消除障碍的企业流程。一旦你确定了障碍是什么，就要制订一个领导力计划，甚至可能包括一些对领导者的直接指导，从而让他们更好地在个人发展和职业发展上协调一致。

所以，现在的问题是：领导力要与什么保持一致？

宗旨、愿景、使命和目标

领导力一致性是指领导者与企业保持一致，并与其他领导团队成员保持一致。你的领导团队最重要的是要与公司既定的宗旨、愿景、使命和目标保持一致。确保他们的行为和精力与公司想要的方向保持一致。领导力一致性的另一层含义是和其他人互相配合，确保公司的所有领域都在朝着同一个正确的方向前进，没有任何个别领导者推动的计划与公司推动的其他领域计划相冲突的问题。因为当这种情况发生时，想要到达你的目的地就会如同逆水行舟。当你能让每个人都保持一致时，就会像是顺水前行，你到达的目的地的速度会更快，也更轻松。

组织结构

有时，这成为一个阻碍公司有效运作的障碍，主要是因为你可能把人员放在了错误的职位上。理想的情况是，在一个职责领域明确和工作流程清晰的组织结构中，合适的人能担任合适的角色。与组织结构相关的诊断是研究决策流程，从报告结构中你能发现决策是如何制定的，从而知道人们的工作方向来自哪里，以及在解决问题或完成项目时，他们能以多快的速度开始工作。如果这个过程停滞不前，并且你也注意到在决策过程中出现了多层次的批准流程或者有太多的人参与决策，那么这个组织结构本身就值得进行进一步分析。

角色和责任

这部分与组织结构联系密切。团队中的每个人都需要明确自己在组织中的角色。他们必须明白自己的责任：他们对结果负有什么责任，有哪些决定权。对于他们来说，知道何时何地需要让其他人参与决策、执行，以及解决问题和让事情正常运转，这一点至关重要。

问责机制

组织面临的主要挑战之一是，很多时候团队或组织的目标并不是按照SMART原则——具体的、可衡量的，并且在一定时限内能够实现的——来制定的。人们设置SMART目标的方式多种多样，而每一个组织的黄金法则之一就是确保人们知道目标是什么，并且有一种方法可以来衡量目标的实现。

对目标、某些检查表或监督系统必须设定明确的责任机制。可以通过每天规范的日会或碰头会来督促跟进。你可以建立团队绩效指标的跟进系统。作为一个顾问，你可以建立一种监督责任履行情况的内部方法，也可以找到一种外部跟进方法，确保团队成员、领导者和独立个人对需要做的工作和完成的绩效担负应有的责任。只有这样，你才能保证组织实现其目标。这需要你了解企业的发展方向，获得相应的支持，同时，也需要有人可以自己监督自己的内部问责制度。

在一个具有高效的组织领导力和高度责任感的组织中，成员会对任务、过程、优先事项和动机等有深刻理解。此外，领导者与团队成员有着密切的关系，并了解他们喜欢的沟通方式，以此保证团队成员理解领导者对他们的期望。我们还必须要管理具体细节，来判断目标是否达到。我们不能一个月做一次这些事，因为到一个月结束的时候才发现问题，我们就会浪费很多时间。因此，建立一种每天或每周的持续性监督机制是最理想的。这为组织和组织内的个人创造了一个真正的双赢局面，因为每个人都知道组织对他们的期望是什么，每个人也都知道如何去衡量自己的工作，每个人都对自己和组织负责，每个人都知道无论与目标还有多大差距自己都是在努力向前进的。

问责机制能让人们理解他们需要实现什么，并得到某种积极的和建设性的反馈，以便他们更好地理解自己的价值。即使他们可能偏离了目标，而在有了正确方向指引后他们可以重新回到正轨。有了问责制度，一个组织就不会浪费任何时间或金钱，而是会迅速地向前发展，因为人们不需要等待一周、两周或三周的时间才能知道是否达到了想要的目标，能够及时纠偏。

提醒一句：在诊断过程中，你可能会听到这样的话："我不能相信任何人都能把事情做好。"这是公司存在责任问题的一个线索，你可以据此判断公司在问责机制上还有待改进。负责任意味着别人可以相信你会去做自己说要做的事，或者去做他们期望你做的事。这里包含了几层含义：一是知道哪些事是期望去做的，二是给人一种信任，人们相信你有能力和动机去做需要做的事情。如果你发现客户公司还存在问责机制的问题，那么你要明白，客户公司的领导者们可能还没有意识到问责机制对于咨询项目和他们的长期成功有多么重要。

人才和绩效

许多绩效管理系统存在一个很大的问题，即它们缺乏真正的管理能力。组织中的管理者经常可以躲避开绩效管理系统的监督，这在很大程度上是因为绩效可能是主观的。为了改进绩效管理，你要弄明白一个组织所期望的目标是什么。你要确保对于职位的描述够清楚，这样我们才能找到合适的人才。通过观察个体的职能胜任力和行为胜任力，可以帮助确定绩效管理系统是否在进行客观的评价。

作为公司的顾问，你可以确定每个人在公司内负责的职能，并列出他们可能没有达成该有的绩效的领域。你可以通过引入一些训练技巧来提高他们的工作能力。我们能采取的最有效的行动之一就是，对职员进行360度评估，这将有助于找到关于绩效管理主要问题的答案：

- 公司有最好的企业文化吗？
- 职位描述够清楚吗？
- 公司知道谁该担当什么职位吗？
- 职位是不是已经按照技能、知识、责任，甚至不同的预期行为和结果进行了阐述？

很多时候我们很难判断我们的绩效管理是好是坏。公司的心态肯定是，如果我们一开始就不能留住合适的人才，就不会把所有的资源都花在开发和实施人才培养战略上。我们需要考虑的是什么能让员工保持足够的幸福感，从而使得他们长期留在公司。

如果我们能够正确理解公司职位的内涵，准确辨别那些能胜任这些职位的人，然后在他们充分发挥才能的时候给予客观公正的评价，这种绩效管理就是比较理想的了。当员工全力以赴工作时，知道如何使他们达到我们期望的状态是很重要的。如果我们发现某个人不能做到全力以赴，那么即使他们是职位的合适人选，我们又怎么能让他们担当一个本可以发挥更高生产力和产生更大增值的职位呢？

绩效考核通常会提高员工的积极性，从而提高公司绩效。这些手段会检查当前的绩效，并确定员工是否适合这份工作。如果是合适的人在做这份工作，那就要考虑如何鼓励这个人在组织中成长，以便他们能长期留在组织中。有时，我们通过辅导来激励员工；而有时候，集体培训可能是帮助人才持续发展的理想方式。

组织人才评价

这是一个需要定期进行的项目，因为每年技术都在变化，企业需求也在动态变化。例如，在互联网和网站出现之前，你不需要一个具备网页设计或互联网技术的人在你的团队中。然而，快进到今天，这些技能可能在你的企业中都扮演着非常重要的角色。随着技术的发展，担任企业各个角色的个人必须不断提升自己的技能，才能使企业保持竞争优势。在考察培训师的才能时，可以询问其公司需要做什么才能有竞争力、才能保持领先于客户的要求。你要注意这些所需的技能是在现有的团队中通过培训和开发获得，还是需要到市场中去寻找具有这些技能的人才。

例如，我的一个培训师客户的能力已经超过了他公司的现任财务副总裁。这位副总裁非常擅长管理小公司的事务，但却没有足够的技能将公司发展成更大的公司。这就是才能缺口。在这种情况下，认识到有多种选择是很重要的，并且你必须引导这位培训师客户决定是去取代这位副总裁，还是给他们找一个拥有所需技能的新上司。可能这位副总裁具备所有正确的能力，只是需要更多的指导和培训来把这种能力挖掘出来。他们可能愿意通过培训课程来获得相关经验。又或者，这个培训师客户真的应该和那位副总裁分道扬镳，然后找一个替代他的更合适的人。这个例子告诉我们，随着公司规模的扩大，企业的流程会变得越来越复杂，长期让不合适的人员待在不适合的岗位上只会损害公司的增长潜力和盈利能力。

士　气

更高的生产力和盈利能力直接关系到员工的士气。员工需要有留在组织中的动力。他们必须感觉到被赏识，并且期望自己的职业生涯能获得提升发展。尽管许多人认为士气与收入和财务激励因素有关，但研究表明，实际上它与员工的薪酬无关，而是与员工在组织中的感受有关。

各种各样的研究中都有让员工评价激励他们的因素的内容。感恩、尊重、同事和老板的认可都是排名前几的。当然，金钱也在清单上，但在排在与他们的感受有关的激励因素下面。我们最近在《福布斯》杂志上读到一篇文章，文章中描述了一项调查，问的是："是什么激励你在组织中脱颖而出，并为组织做出更大的贡献？"这篇文章得出了与无数其他调查同样的结论："有趣的是，金钱——通常被认为是主要的激励因素——排在第七位，排在后面。"

皮特在他职业生涯早期参加了一些关于如何激励员工的培训，他们讨论了人们在生活中经历的七个不同的激励"层次"，以及每个层次的主要激励因素是什么。这里需要重申的是，金钱只是这七个层次中一个层次的主要动力。

随着越来越多的千禧一代进入职场，长期以来的事实变得更加真实。员工必须要能够享受他们的工作。他们希望自己的成就得到尊重和认可，他们也想要得到关于他们表现的反馈。如果他们觉得自己没有得到重视和认可，他们很可能会离开。

对于一个组织来说，有高昂的士气是非常重要的。员工士气来自：对成为组织的一部分他们有多坚定；他们有多大动力去做特定的工作；他们有多自信，首先是对自己自信，然后是对他们的直属经理、公司和公司的未来，甚至是公司提供的产品或服务自信。所以当你审视一个组织时，你评估组织中员工的感受时不仅仅是通过看他们在做什么，还要看他们是如何融入组织，如何成为组织的一部分的。

我们不能仅仅关注员工在工作量方面所作的直接可见的贡献。我们真的需要思考一个员工如何才能得到发展，以及我们如何才能帮助他们创造更大的成就，让他们真正感到自己在公司里受到尊重和赞赏。

对于一个组织来说，最昂贵的情况之一就是不断招募人才和培训人才。保持员工士气的重要方法是，不仅仅让他们拥有高超的技术能力，而且要确保他们有正确的行为能力，要让员工在公司能树立正确的态度。这样一来，即使有更好的工作机会，员工们也更有可能长期留在公司。

对公司发生的变化处理不当时，士气就会受到负面影响。想象一下，你公司的总裁跳槽到了其他公司，然后你招聘了一个新总裁进来。新总裁的风格与员工们习惯的风格有些不同，与公司文化也不太相符。他没有尝试去学习公司的文化，没有想办法在现有的环境中完成工作，而是把一个略显侵略性的领导风格带进公司，对团队所做的努力和取得的成就也没有费心去了解，更谈不上赞赏。这种情况下，培训师客户的整个组织都可能存在士气低落的问题。即使你做了最好的努力让他们振作起来以及保持积极的心态，员工们仍然可能会放弃，离你而去。管理团队可能不得不整天忙于招聘来替代那些离开的人。这对公司来说将是非常具有破坏性的，而作为顾问，你的工作就是帮助新老板防止这种情况的发生。

当你看到组织面临的挑战并意识到这些挑战都是关于人的时候，作为一个顾问，你应该意识到组织中不同的人有他们自己独特的技能和观点，也有他们自己独特的风格。作为一个顾问或咨询团队，你可以考虑使用一些不同的评估工具对他们进行评价。其中一些比较流行的工具包括迈尔斯–布里格斯类型指标（MBTI）和人脑优势度指标（HBDI）。这些工具可以让员工拥有更强的自我意识，同时也能让团队意识到团队成员的优势和差异。通过在整个团队中提高这种意识，你实际上可以提高团队的合作意识和凝聚力，并最终提高团队完成任务的能力。

第七章

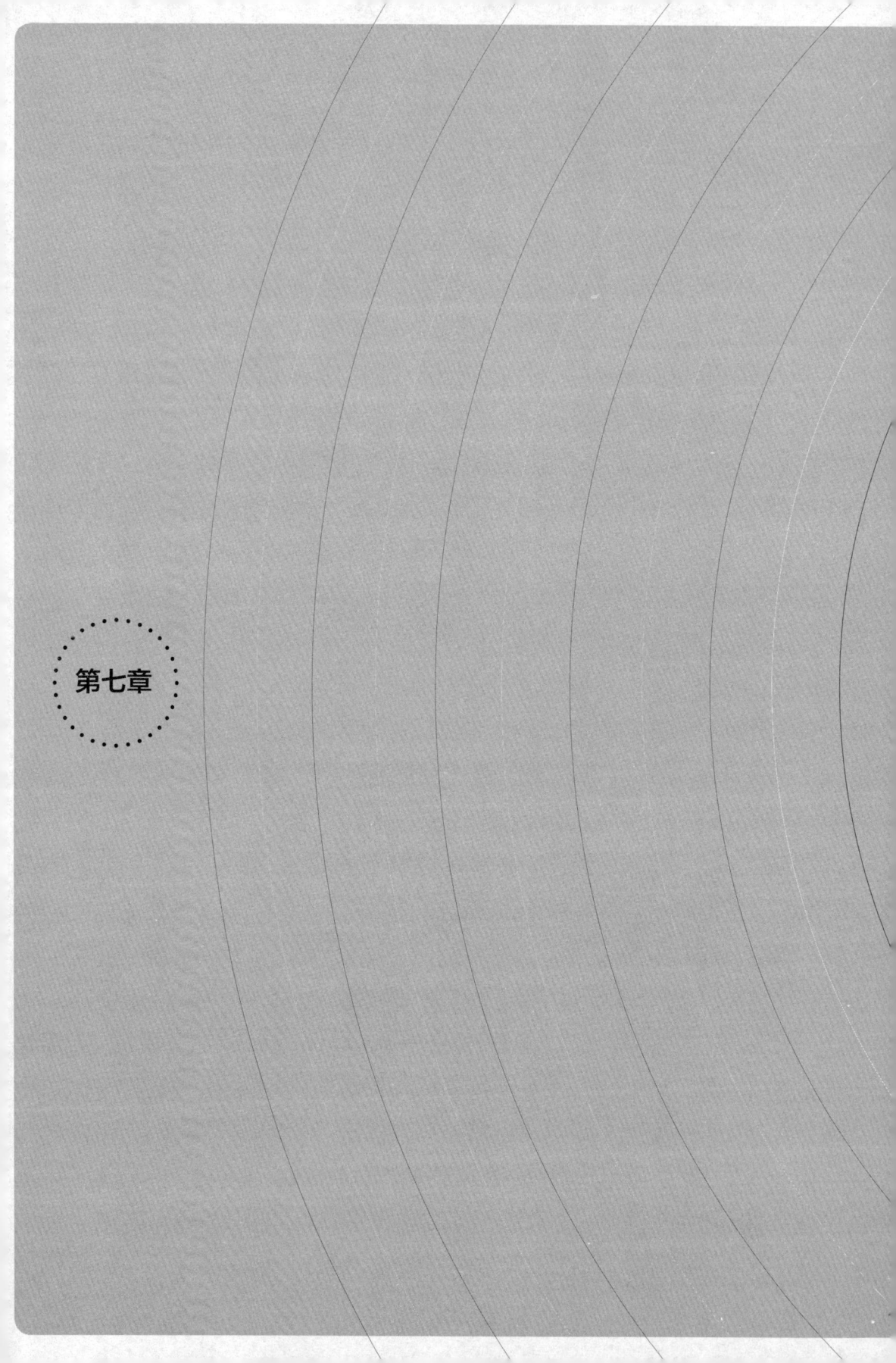

对其他重要问题的解答

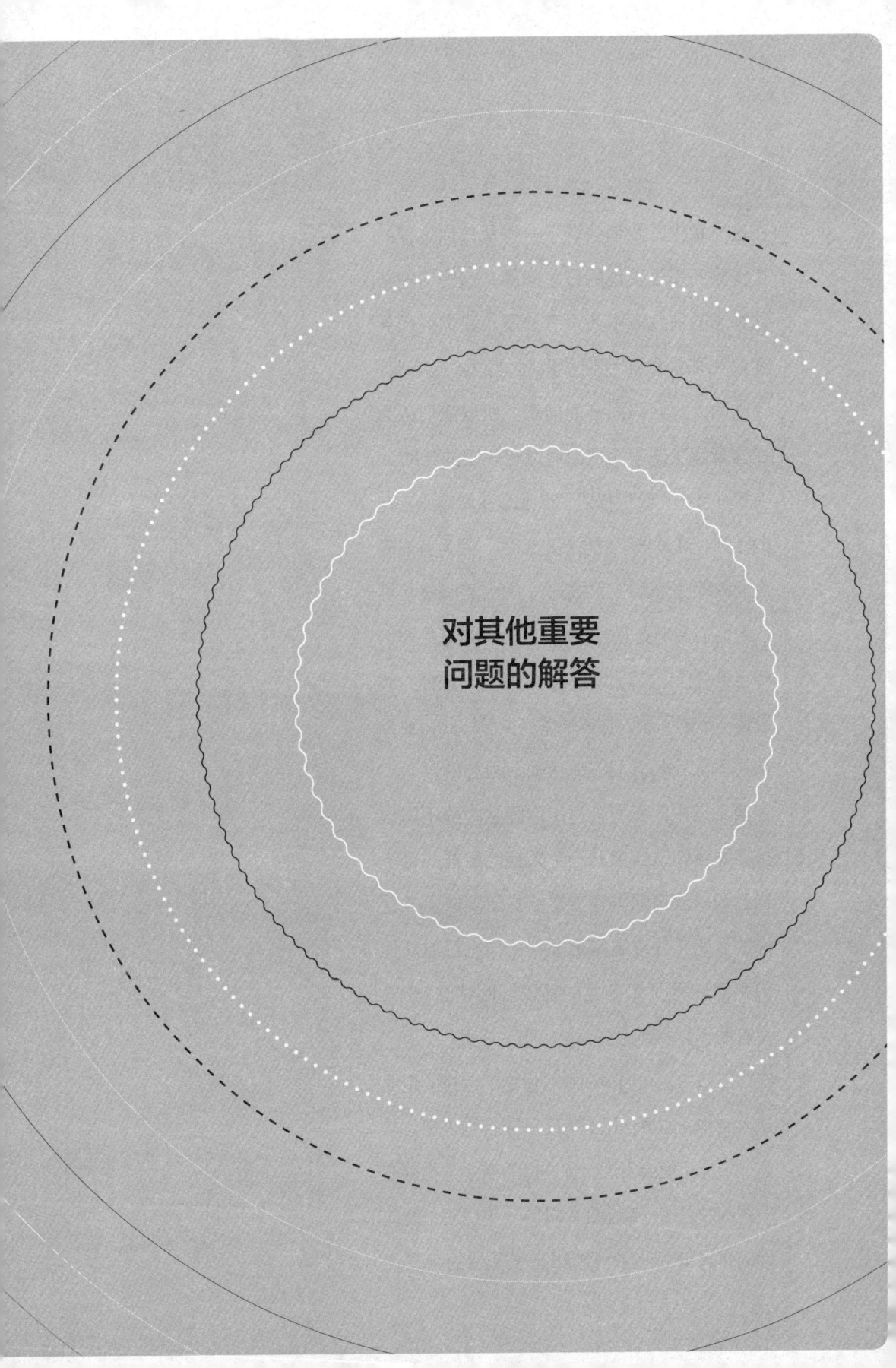

在这一章中，我们强调了一些从像你这样的咨询顾问那里发现的最大问题，这些问题在这本书的前几章中还没有涉及。我们的优秀客户和那些参加我们"做强你的咨询事业"活动的人也会问同样的问题，所以我们认为在这章解决这些问题会对你有一定的帮助。

在第一节中，我们描述了商业教练和商业咨询的区别。这是一个很重要的问题，因为有很多商业教练在为客户提供服务，增加咨询技能可以为他们带来更多的好处。此外，最好的咨询师也会将指导技巧作为他们技能的一部分。通过这一节的回顾，你能理解商业教练和商业咨询的不同之处，以及它们是如何互补的。

在第二节中，我们会讨论你团队中的不同成员。即使你认为自己一个人就能组成一个咨询公司，但实际你会需要扩充团队成员来让你的公司工作进展得更顺利，你也可以从他们那里获得更多专业的建议。阅读这一节，将有助于你找到这些关键的团队成员。

在第三节中，我们将回顾可供你们选择的企业法人结构。如果你已经有了一家咨询公司，从这一节你可能会发现，你选择的商业结构存在一些问题。这一章会让你变得足够聪明，能向你的律师和注册会计师提出一些重要的问题。

第一节　商业教练与商业咨询

据国际教练联合会（ICF）统计，美国大约有3.5万人自称教练。虽然有些人选择成为国际教练联合会的成员，但关于商业教练却并没有确切的认证标准。没有什么能阻止一个人把自己叫商业教练，有各种各样的人称自己为商业教练，不管他们是否拥有教练相关的资历。在咨询领域，咨询顾问通常会有商业背景或实践经验。最近，商业教练已成为一个学位项目，一些学院和大学提供从硕士到博士的教练学位。商业教练和商业咨询领域都获得了巨大的增长。

虽然国际教练联合会对于商业教练开展业务有指导方针，但我们不鼓励你严格遵循它的指导。相反，我们建议你把自己定位为拥有教练技能的咨询顾问。潜在的咨询从业者都了解咨询顾问的工作是什么，也了解通常商业教练的薪水很低。我们强烈建议你成为一名咨询顾问，并使用教练工具帮助客户解决问题，同时发展你自己的企业，而这一切都是为了让你获得你所追求的结果。我们发现，当你与客户合作时，同时运用教练和咨询技巧，会取得更好的效果。

根据我们数十年从事商业咨询工作并指导负责决策的客户的经验，我们发现有必要成为一名具有教练技能的咨询顾问，因为客户需要这两方面的服务。客户雇用我们是为了进行商业咨询，在我们与他们接触的过程中，他们向我们寻求具有实际意义的建议，并希望我们帮助他们进行头脑风暴。当客户在寻求解决方案以及制定战略时，他们常常会遇到挫折，需要通过提升个人能力来保证预期的工作获得成功，这就是商业教练的作用所在。

教练是帮助客户自己去发现答案，而不是把你的专业知识传授给客户。当你使用你的商业教练技巧时，不要给客户提供答案，而是通过引入一些工具和资源，比如直击要害的问题、全面准确的观察，来帮助客户寻找他们自己的答案。在教练模式下，你不用引导客户了解你作为咨询顾问可能具备的专业知识。这两种模式都有时间和地点的要求。

作为一名咨询顾问同时也是一名专家教练，你可以倾听客户的问题，了解如何与他们进行最佳互动，并帮助解决他们的问题。在某些情况下，客户的问题决定了需要你用作为咨询顾问的专业知识来指导他们，客户需要你的帮助来制定实现目标的策略。他们可能也希望你能帮助他们拓展团队技能和能力，让他们能够达到更大的成就。

在一些情况下，你可能被雇用为企业的咨询顾问，使用专业知识帮助他们推动流程改进项目。在工作中，你可能会被要求制定策略、设置流程，贡献出你使用的业务工具、技能和知识。有时，你还可能被雇用去推进各种系统和流程的实施。在提供商业咨询服务的同时，你通常还需要使用商业教练技巧来帮助促进对话或讨论。当你需要让团队成员参与某个特定的计划时，当你在制定战略、设计企业文化、凝练企业使命、愿景、价值观时，你可以使用商业教练技巧。无论何时，当你想要建立对话机制，让客户发现他们自己的答案时，你都要去使用你的商业教练技巧，而不是像他们的咨询顾问那样直接告诉客户答案。

最成功的咨询顾问除了咨询技巧外，还知道什么时候应该使用教练技巧。我们发现，优秀的咨询顾问能够在咨询和教练两个角色之间来回切换。客户通常会聘请一位咨询顾问，因为他们需要答案，但是他们没有意识到，有时候让顾问指

第七章 对其他重要问题的解答

导他们自己找到答案实际上是最好的方法。

通常在研讨会中，顾问会帮助他们的客户发现针对关键问题的解决方案。在这种情况下，你可能会注意到客户正在走向一条错误的道路，或者坦率地说，正在提出一些并不容易实现的解决方案。这时，你需要非常明确地向客户反馈。咨询顾问的任务就是，向客户明确表明，他们所走的道路将会给他们自己带来麻烦。但是你不会直接给客户一个解决方案，而是开始使用问题来引导客户找到他们自己的答案，从而回到正轨。

有时候，你可能会发现客户从事的业务比较独特，很多问题的解决实际上没有其他案例可以参考。这时，作为专家，你要指导你的客户制定具体的策略，并给他们一些具体的建议。当你从事咨询工作时，你可能会注意到客户试图进行太多的活动，但他们根本没有能力在合理的时间内完成这些活动。你可能也会注意到，客户对将要遇到的一些问题表现得很幼稚，而你在之前已经遇到过这些问题。此时，你可以提醒客户他们可能会遇到什么以及解决思路是什么。

我们的建议是，在与客户签署一些商业咨询合同时，你可以加入商业教练的内容。商业教练的业务很少会发展成商业咨询服务。企业通常会雇用你作为他们的企业咨询顾问，从而获取某些专业知识。企业可能会要求你帮助他们在运营上进行一些改变、协助他们促进流程落实或制定战略。商业教练是商业咨询的一个分支。公司雇用咨询顾问是为了知道"怎么做"，一旦他们参与到这个过程中，咨询顾问可能会发现在企业或组织的自我发现过程以及执行建议过程中，他们需要使用到很多商业教练的技巧。

在过去的20年里，商业教练行业一直在扩张，许多公司都聘请了商业教练。如果只是单独使用商业教练服务，而不用培训或咨询内容加以辅助的话，是无法让组织产生有意义的重大变化的。统计数据表明，当培训与咨询服务一起使用时，持久性的变化就会在组织中发生。《哈佛商业评论》和一份高管培训研究都支持了这些结果。

作为一名咨询顾问，如果你拥有商业教练技巧，你就能更好地为客户服务。商业教练技能让你能够帮助客户专注于时间管理、拖延症、问题解决、决策制定等关键领域，从而创造成功。

黛安·库托和卡罗尔·考夫曼在《哈佛商业评论》上发表了一篇题为《教练能为你做什么？》的文章，指出企业教练通常被称为"执行教练……十年前，大多数公司都聘请了一位教练来帮助高管纠正不良行为。如今，大多数教练服务内容都是关于培养高潜力员工的能力"。将你的教练技能与咨询技能结合起来，或许是个不错的主意。

记住，商业教练和商业咨询的区别在于，当你使用商业教练工具时，你不会给客户建议。一位商业教练会帮助他们的客户从自己的内心中找到答案。一位咨询顾问会和客户分享他们的专业知识。一位非常成功的顾问两者都做。

第二节　建立自己的团队

让我们来谈谈如何组建一个为你的事业提供支持的团队。我们已经提到了专业顾问，比如你的律师、注册会计师和保险代理人。你可能会想招募一个商业教练或导师，并让他一路给予你指导。

你要知道，必须完成的管理任务清单是没有止尽的，你需要找到合适的方法来完成这些任务。你可以招聘专职人员，也可以这些任务外包给诸如记账公司、虚拟助理之类的服务公司和人。核心的咨询工作的重担将一直压在你的肩上，直到有一天你不得不把它分配更多的人来做。只有当你的工作任务超出了你的能力范围时，你才应该考虑引入其他的咨询资源，如招聘新员工或与咨询外包商合作。当然，循序渐进地建立员工团队，积累咨询外包商资源，在需要的时候能迅速获得他们的支持，是一个合理的策略。（还记得在第三章讲的有关皮特的故事吗？你最不想做的事情就是和一个员工说你无法支付他们的工资。）通过这种方式，你的企业可以在负担员工增加带来的成本增加的情况下得到迅速发展。

我们建议你定期检查你的咨询工作量，然后决定需要多少咨询顾问。你可以考虑在自己需要潜在咨询外包商的帮助之前就与他们建立关系。当使用外包服务时，你要对他们的工作质量负责，确保这些外包咨询顾问符合你的客户的要求。

如果因为你没有尽到严格把关的责任而导致失去一位客户，而这个客户可能带来数万美元（或更多）的合同，对你来说，这是一颗难以下咽的苦果。

有个诀窍是：尽你所能地降低日常开支并提高工作灵活性。为了保证现金流良好，你可能会通过亲自承担更多的工作来降低成本，但是如果你受条件限制，没有时间与更多的客户直接对接业务，那么你可以把你的工作转交给其他人。

这可能是一场拔河比赛：你一边需要投入到客户项目中去，一边要进行营销活动，建立业务往来，拿下更多的客户合约。在二者之间如何分配你的时间需要权衡。现金流是真正的衡量标准，通过这一标准你来判断是让你或你的员工（已经固定了成本）来为客户提供服务，还是需要引入新的团队成员来做这个工作。

例如，在皮特的公司，当资金紧张的时候，他要求他的咨询企业的总裁（成本固定，就是其工资）亲自去做一些客户交予的工作，而不是把工作转给咨询外包商，因为咨询外包商的费用是一个可变成本。皮特经常跳出自己的职务范围，去领导一些短期的项目，比如企业问题诊断，而这对他公司的现金流有好处，因为他借此了解了客户和咨询资源，有助于他合理安排工作。从长远来看，这不是一个好的计划，但从短期来看，这是一个可以保持现金流动良好的明智商业决策。

在你的工作中，有一个人可以帮你做诸如查看邮件、回复语音邮件、开发票、在社交媒体上发帖等与向客户收费无关的事情，会你节省时间和金钱。此外，有时独自完成所有的事情会感到孤独，所以招募另一个有能力的人一起共事，甚至只是让他们提供另一种观点，都是非常值得的。

我们建议你至少要配备有关的会计人员以及一名行政助理，同时一定要有一个对合同非常了解的团队成员。所有的客户业务、你的员工或者独立咨询外包商都涉及签订合同，有效的合同对你是一种保护，让你清楚谁应该在公司里做什么事，谁应该在客户那里做什么。

法律文件

合同是涉及两个或两个以上当事人的法律文件。用律师的术语说，这之中存在一种价值的交换——换句话说，有人看重你的咨询服务，并向你支付金钱，以换取你为他们的组织或公司带来的价值。无论你的订单是大是小，确保有一份合同，你就会受到保护。因为如果出现了问题，那么你的企业真的会岌岌可危，因此所有的商业协议以及团队成员之间的协议都要用有效的法律文件来保障。一份合同不仅是在保护你，也是在保护你的客户和团队成员。

合同的作用是确保没有误解，每个人都能明白。用通俗易懂的话来说，就是大家商量好要做什么，确定怎么支付报酬。在合同里，你不仅要向你的团队阐明你作为雇主的权责、向咨询外包商说明你们的关系（因为他们不是你的雇员），还要向客户说明你作为其咨询顾问的权责。团队成员和客户的权利和义务也会包含在协议的条款中。这样一来，每个人就都能知道订立合约后会发生什么。

以下是合同可以包含的一些常见元素：名词和术语的定义；双方的权利和义务；期限；合同双方关系；限制条款；项目范围；保密事项；赔偿以及补救措施，等等。你要告诉你的律师你对合同的要求，让他帮你把关。

各种协议必须包括一些细节，比如你如何以及何时向团队成员支付酬劳，以及你提供服务如何以及何时获得报酬。能够及时获得应得的酬劳是你企业的命脉。

我们建议你请一位律师帮你拟定或至少检查你的合同，包括合同中的所有条款。合同中，让你的律师用简单明了的语言编写，这样方便你的客户理解，并且你要让律师把合同写得尽量简短。只要所有的要点都包括在内，我们认为合同越短越好。大多数合同中的要素包括：费用支付事项、提供服务事项、项目目标以及项目何时结束等。

合同还将帮助你确定工作内容，防止项目实施内容超出工作范围。有时候会发生这种情况：你与客户签订合同开始提供服务，但实际中客户项目的工作量比合同规定的要多得多。而由律师起草的法律合同会保护你，因为你的合同将会明确规定你和客户协商好的具体工作内容。

为了避免项目范围失控，明智的做法是对整个项目做详细的描述，包括项目包含的每个具体任务都描述清楚。否则，当项目范围超出最初商定的范围时，就会发生误会。客户可能会认为额外的工作属于协议的范围，不用支付任何额外的费用。我们建议你在协议中清楚地列出所有任务、你同意执行的步骤、检查点、结束流程、确切的支付方式、时间轴以及所有相关的日期。这不是一个包罗万象的清单，下面列出了商业咨询协议中的一些典型条款。

设置保密条款。从本质上讲，这意味着你同意将你的工作内容、项目信息和你在客户方工作的其他要素的信息对其余所有人都保密。你要有信心去做一份可能让你接触到世界上其他地方没有的信息的特殊工作。保密协议通常规定，你有义务不对外分享这些信息，如果你分享了这些信息，将承担相应的法律后果。

不泄露信息条款基本上与保密条款是一个概念。你不得泄露自己知道的对方的信息。你承诺对应该保密的事情保密，不会向其他人透露这些信息。我们希望有双重保密协议来保护双方，即未经许可你的客户也不得对外透露他们知道的关于你或从你这里了解到的信息。双重保密协议将保护双方，它使你可以在协议执行过程中放心地推行进度，有助于双方建立信任关系。通过这种方式，你和客户都可以放心地提供所需的任何信息，方便你能够尽最大的能力完成工作并实现项目目标。

如果你有雇员或独立咨询外包商为你工作，那么你也要与他们签订保密和不泄露协议，以保护你的知识产权，确保他们不会与其他人共享你的专有信息或客户信息。记住，你雇用的咨询外包商基本上是一个自由代理人，即他们可以为自己工作，也可以为他人工作。他们可能和你一起做一个或多个特定的项目，但他们不是你的员工。咨询外包商通常会受到不同条款的约束，这些约束条款通常是针对你公司员工的。你必须要保护你的知识产权，而你的客户则需要通过你与咨询外包商的合同得到保护。在律师的帮助下，从客户到你再到你的咨询外包商，各方都会紧密联系在一起。制定合理的合同能确保每个人都受到保护，获得安全感。

安全与信任是通过与独立咨询外包商、客户的协议建立起来的，这种协议定义了你们的关系。然后其他的任务指令或工作说明书可以被定义为项目协议下从属协议，即承认它们是你们签署过的初始协议的一部分。这个简单的一两页的协议可以搭建起你的公司与客户之间的关系，在后续的"任务订单"中完成项目的所有要素将被定义，而这些"任务订单"都参考的是原始协议。你要确保你清楚地阐述了这种关系之间的联系，让客户知道你和你的公司不是他自己的员工，是能想让你干什么就干什么。你还要确保每个工作都有任务顺序，这些任务顺序定义了谁在做什么、交付内容是什么以及费用是多少。永远不要忘记，金钱和价值具有交换关系。

你和客户的合作可能仅仅需要订立一次任务合同，也可能因为总有额外的工作要做，几年里你不得不与同一客户一次又一次地订立了任务合同。怎么订立任务合同是基于你的个人喜好的，你要想好自己希望如何处理它们。

如果你和客户选择在第一份协议的期限之外延长合约期限，则我们建议后续任务订单延续第一份协议的规定。举个例子，如果你在开始的合同里约定了一天的价格，你可以说在合同到期后，只要做同样的工作，双方同意以同样的价格继续合作，直到双方选择取消合作。我们会在业务开展中使用类似的约定，许多合同是在几年前签订的，但我们现在仍按照以前的约定做着类似类型的工作，这里没有必要一定要签订一份新合同。

在咨询行业，项目一旦开始就似乎有了自己的生命，会不断变化，所以，签订的合同可以保护你，保护你的客户以及保护你们未来多年的关系。

第三节　设置适合的法人结构

在这一节，我们要告诉你，在建立你的咨询企业的时候你需要知道的知识。即使你已经是一个成熟的咨询顾问，你也要快速地阅读这一节，看看你是否准备好了所有的东西。你可能会因此获得一些重要的信息，从而在以后的工作中避免某些麻烦。

对于新入行的咨询顾问，请仔细阅读这一节！这很重要，因为你不是在玩一个有趣的游戏，而是在创建一个能够帮助商业领袖的公司，可能你需要雇用其他人加入你的团队，要负起相应的法律责任。我们最不希望看到的事就是，你犯一些本可以避免的错误，导致你的公司走上了一条错误的道路。

为了便于理解和应用，在阅读这一节的时候你需要做大量的笔记。这一节会列出一份需要你去学习的主题的有用清单。这个清单是在我们建立自己的公司和帮助客户建立他们的公司的过程中总结的。本节不提供法律或财务方面的专业建议。你可以找你的法律、税务、财务和其他专业顾问咨询，选择最适合自己的这些领域的安排。这一节将有助于优化你的学习曲线，使你和顾问的合作变更有效率，取得更高收益。

常见的企业结构

当你准备创建一个企业时,首先要考虑的是什么样的法人结构最适合你。这里有许多类型的企业结构供你考虑,其中最常见的是:

- 独资企业
- 合伙企业
- 公司(C 型公司或 S 型公司)
- 有限责任公司
- 有限责任合伙企业

下面有对每一种企业类型的简单描述,你可以借此了解它们的区别。当你判断哪种企业结构最适合你时,这些内容是你研究的重要第一步。对于你来说,向律师、保险公司、注册会计师和财务顾问寻求建议,弄清不同类型企业在法律和税务上的特点,选出最适合你的企业类型,这一点也很重要。还有很重要的一点就是,你需要咨询你的顾问团队,听听他们对选择企业类型有何意见。

在这里列出的每种公司类型中,你还需要了解不同的保险选择,以保护你的公司财产和个人资产。你的公司结构为它们提供一层保护,而你的保单将为它们提供额外的保障。确保你意识到了自己的不足之处,然后与你的保险代理人讨论,设置合理的保险确保你得到足够的保障。

独资企业

在独资企业中,个人出资经营、归个人所有和控制、由个人承担经营风险和享有全部经营收益的企业,简单说就是,你是公司里唯一的人。从法律上讲,你和你的企业没有区别。这意味着你的个人资产不受保护,而不是像在其他的企业结构中一样有所保障。虽然这是一个创建企业的简单方式,但作为企业所有者,也可能面临一些法律风险。如果你选择了这个方式，那么你一定要了解自己可能面临的风险，并向你的保险公司说明你可能需要的额外保险类型和额度。

如果你只是开办一个个人的咨询公司，也是一个不错的选择，因为这样你就可以马上开始你的咨询业务。这个选择是快速且简单的，并且可能为你今天开始的工作和将来某个时候选择另一种企业结构适时地架起一座桥梁。只是你需要知道，如果你的企业被起诉，那么你的个人资产不会被与企业财产区分开来，也不会受到保护。你可能已经听到过一些可怕的故事，有人认为他们的企业是一个独立的实体，个人资产与企业无关，结果企业被起诉，他们失去了自己的房子、汽车和狗。好像有一首乡村歌曲就是这样写的。如果你能接受这种程度的风险，那就去做吧。我们只是想要确保你在做决定时已经充分意识到了这一点。

合伙企业

合伙企业由两个或两个以上的自然人通过订立合伙协议，共同出资经营、共负盈亏、共担风险的企业组织形式。每个合伙人按照出资或者协议约定享有利润分配、亏损分担的权力和义务。每个合伙人都要在企业的各个方面包括资金、财产、劳动或智力等作出贡献。相应的，每个合伙人也都会分享企业的利润或分担企业的亏损。

如果你创办的商业咨询公司的投资者不止一个，那么合伙企业就是一个考虑选项。如果你选择这种企业类型，那么很重要的一点就是，你要清楚每个合伙人的角色和责任，并在适当的法律协议中将它们阐明。就像许多曾经相爱的夫妻在分开时要分割他们的婚姻财产（包括我们上面提到的房子、汽车和狗）一样，商业伙伴有时也会分道扬镳。你的角色和职责需要不仅仅是通过握手来保证你的权益安全。

公司（C 型公司或 S 型公司）

C 型公司

你所知道的大多数公司，比如沃尔玛、埃克森美孚或者苹果公司，都被认为是 C 型公司。C 型公司是指公司成立时所做的一种分类，它指明了它所经营的业务类型和税收结构。C 类型公司是一种区别于其所有者的法人实体，作为法人实体要纳税，企业所有者再作为个人对从企业中获得的收益也要纳税。

S 型公司

S 型公司是指选择将公司收入、亏损、扣除和抵免穿透给股东、由股东纳税的公司，由 S 型公司的股东在其个人纳税申报表上报告收入和损失，并按股东个人所得税税率评估税款。S 型公司只是法律形式上的法人公司，非纳税实体公司。规模较小的企业可以选择 S 型公司结构。成为 S 型公司对中小企业来说比成为 C 型公司有优势，这其中包括公司的净利润是以所有者的个人所得去申报纳税的。当你将 S 型公司与你想要和税务顾问讨论的其他可能的公司结构进行比较时，还会发现其他的税务差异。

如果你是一家小型咨询公司，即使是一个个人公司，你可能也会愿意选择成为 S 型公司。S 型公司比 C 型公司更常见。

有限责任公司（LLC）

有限责任公司是当今世界上最常见的商业结构之一。它为你（企业所有者）提供了很多的便利，并简化了企业的设立过程。如果你是"单一成员的有限责任公司"，你可以选择采取独资企业的结构来纳税，而如果你有多个公司成员，你可以选择作为合伙企业或 S 型公司来纳税，这取决于你注册公司时的选择。如果没有相关的专业指导，事情可能会变得复杂，所以你一定要向你的法律和税务顾问咨询，在了解透彻的基础上再做选择。

许多小型咨询公司的所有者选择有限责任公司结构，是因为他们希望在财税处理上更加简单和灵活，而公司无须缴纳公司税，净收入直接分配到所有者的个人身上，由所有者按照个人所得纳税申报，同时，这种企业结构对个人资产来说也有一定的保护作用。

有限责任合伙制公司（LLP）

在这种企业结构中，你有多个合作伙伴。好消息是，一方对另一方的不当行为或疏忽造成的损失不用负责任。同有限责任公司一样，这种企业结构也包含标准的合伙企业和公司所能提供的对所有者个人的一些保护措施。

许多律师事务所都在使用 LLP 结构。如果你的公司有多个合伙人，你可以考虑选择 LLP 结构。

根据公司的企业结构，你可能有特定的需求。你要去了解这些需求是什么，并与你的顾问团队合作以确保你拥有所需要的一切。这些系统和流程从一开始就设计正确，后面很多事做起来就容易得多。让一切尽在掌握，你自然不用担心月度报告上的各个项目。把工作做在前头，每个月把财务报表填写得漂漂亮亮，比在年底的时候为了应付注册会计师的审计而疯狂地忙乱要好得多。

提交申请

一旦你确定了适合你公司的企业结构，你就需要提交必要的文件给有关部门，供他们审核，批准你的公司正式成立。文件内容包括许多要素：公司名称、企业结构和税务选择。对于每一种情况，都必须填写特定的表格和文件并将其提交给相应的管理部门。如果你是在美国以外的地方建立咨询公司，那么请你查阅当地的法律规定，按照当地的流程办理。

美国的每个州都有自己的州务卿办公室，所有公司信息都在那里存档。大多数时候，你会选择在你居住的州开办企业。然而，可能还有其他原因导致你选择另一种状态，例如，如果你有一个住在不同州的企业伙伴怎么办？你将在哪个州注册你的公司？不同州的税法或其他商业法有可能是不同的，你会想要知道哪个州的法律对你的公司更有利。

内华达州有一些非常令人信服的理由让你在那里开办企业。内华达州的法律给予你作为一个小企业主更多的保护和支持，而特拉华州的税法对大公司来说很有吸引力，因此许多大公司的总部都设在该州。

选择企业名称

我们建议你，在你的企业名称被顺利注册，受到法律保护前，不要花费大量的金钱或时间在建立企业品牌上。将企业名称进行工商注册能确保以后不会有人因为这个名称起诉你，如果你的事业蒸蒸日上，使用的企业名称广受认可但却没有注册，结果有一天有人要求你停止使用这个名字，因为他已经注册了这个名字，那对你将是巨大的打击！

在注册前，你需要检查一下准备注册的公司名字是不是可以用，这一点很重要，因为可能已经有其他人注册了这个你喜欢的名字，你就不能再使用那个名字。想想那些已经成为影响力巨大品牌的公司名称，比如可口可乐，你可能会想用你公司的名字作为商标。美国专利商标局有一种商标搜索工具，不仅可以在你想要注册商标时使用，还可以在选择企业名称时使用。如果你选择把你的企业名称注册为商标，你需要一位懂知识产权法的商业律师的帮助。

你的企业名字应该传达你的商业目的以及所提供的产品和服务的信息。记住，人们会因为企业名称对你的公司有初步认知，留下他们的第一印象。考虑到这一点，名字可爱不可爱就不那么重要了，更重要的是要考虑品牌形象。在设计企业名称时，要增加创造性，如果能在名称中体现你的产品和服务，甚至体现客户与你一起工作时的感受就更好了。

例如，皮特的咨询公司的名字包括他姓的第一个音节"Win"，而"Win"也暗指"制胜"，而这也正是他的咨询公司帮助客户所做的，即让他们正在做的业务获得成功。泰瑞的公司名称"Heartrepreneur™"就体现了与她公司合作的客户能得到的实际利益——在业务上更加投入、用心。我们知道，有些咨询师在给自己的公司命名时会带有一些个人属性，比如他们在英国上的大学的邮政编码，或者他们孩子的名字。这样做也没有错，所以不要片面理解我们的建议。你只是要知道，对你的公司来说，比起你最喜欢的宠物名，可能会有一个更好的名字可以来替代。

所以，如果你的名字是约翰·史密斯，玛丽·琼斯，或者莎莉·辛普森，而你又懒得为注册公司的名称费什么脑筋，那么就可以用自己的名字作为企业名称。当然如果有什么不合适的地方，州和联邦政府的管理部门会帮你检查。

所有的表格和申请表上都要求填写正确的法定名称。要想获得纳税人识别号码、申请银行账户等都需要完整准确的企业名称。

无论你决定在哪个州开办公司，都请确认你的公司名是可用的，之后的注册企业名称过程相对简单。正确准备这一流程的各种文件很重要，所以你需要得到律师的支持，以确保你准备的资料是正确完备的。

税务登记与银行账户

一旦你的公司注册申请通过，州务卿办公室将会把结果通知你。当你收到通知时，跟你的好朋友击掌庆祝一下吧。不过，在你马力十足地开展业务之前，还有一些工作要做。你需要得到一个联邦税务识别号码，就像企业的社会保险号码一样。这个号码也被称为纳税人识别号（TIN）或雇主识别号（EIN）。正如你需要有社会保险号码才能开立银行账户、申请贷款，或者获得其他特定的信息一样，你的企业也需要 TIN/EIN 才能开展类似的活动。

申请 TIN/EIN 很容易，你可以通过政府网站在线完成。按照正常程序处理可能需要一到两周的时间，但如果你愿意支付加急费，就可以立即解决。如果你急着需要 TIN/EIN 去银行开营业账户的话，你也可以通过电话申请，这种方式会比较快。

银行需要你的合法企业名称和申请纳税人识别号或雇主识别号来设置你的账户。你需要有一个主要的银行账户，可以把收入存入这个账户，然后用这些钱支付账款。你可以选择雇用一个会计员或行政人员来做这些基本的现金收支工作，这样你就可以专注于开发客户以及能给你的企业利润的工作，这些工作可以带来你需要的现金流，或者你可以先自己管理这些事一段时间，等你的企业发展起来后再招聘专职人员负责。

企业保险

另一个重要的考虑因素是保险。你选择的企业结构类型不同，面临的风险也不同，而你会希望使用保险来规避这些风险。此外，你的工作方式、为客户提供的服务都会决定你有不同的保险需求。

如果你有雇员，按照法律要求你要有工伤补偿保险。如果你有固定的办公场所，员工、供应商、咨询外包商、客户会来这里工作或访问的话，那么最好投上一般责任保险。想象一下，如果一个快递员在你办公室的地毯上摔倒了，扭伤了脚踝需要治疗，他把情况告诉了他的保险公司，而保险公司可能会起诉你，认为你没有尽到应尽的责任，要你支付快递员的医疗费。在这种情况下，企业结构和一般责任保险能让医疗费归到公司法人和保险公司的头上，你个人的资产不会受到损失。

你可能会考虑的另一种保险是专业责任保险。你为一个公司或客户提出建议并且这个公司或客户可能会因为这个建议而做出一些重大决策，如果决策结果出了问题，你会希望得到保护。客户的成功或失败取决于许多因素，比如他们执行你的建议的能力，以及你的建议的可靠性。如果他们的情况因为决策的结果变得更糟想责怪你，怎么办？你的专业责任保险在此时就能保护你。

你的客户在与你签订合同时，可能还会要求你有一定保障水平的保险。例如，我们有客户要求双方为各自承担的咨询业务上100万美元额度的专业责任保险。他们还要求购买一般责任保险，甚至有时还要求把这份保险作为附加保险加在我们的个人汽车保险中（美国的个人汽车保险是强制购买的）。这听起来很疯狂，但其实他们也是在保护自己。

虽然这些情况不太可能发生，但是我们希望你知道客户可能会发出这些请求。你可以选择等到客户要求你购买这些保险时再购买，因为这是为了你的业务所支付的额外费用！我们强烈建议你寻求专业建议，以确保你的企业获得了足够的保护。你可以与律师、注册会计师、保险顾问和其他顾问一起审查你的合同和保险范围，确定合适你的保障级别。

其他的重要元素

在开始你的咨询业务的时候，还有一些其他的事情需要考虑：你的办公室位置、电话系统、电子邮件地址、网站、提案或发票的信头设计，还有名片。这些都是需要深思熟虑的决定，它们关系到你给客户留下的印象。正如我们上面所讨论的，这些决策也可能影响你对企业保险的需求。

确保你的网站域名与企业名称一致，都与你提供的服务联系起来。你的电子邮件最好与你的网站域名绑定，因为这会让它看起来更专业，而不会看起来像是一个各行其是的初创企业。

考虑设计一个能够专业代表你各项业务的标志。你可以雇用周围专业的设计人员，也可以从在线的设计服务网站上请人设计，在线设计可能更加质优价廉。你甚至可以设计人员顺带为你设计提案和发票的信头模板。

至于商务设备，你需要一台笔记本电脑、一部智能手机、互联网设备，以及一台可以连接到无线网络的一体式打印机，因为这样你就可以打印、扫描和传真文件了。这就是开展业务前的所有要求了。随着业务的增长，你可以决定是否要在办公室里安装固定电话；给手机配一个漂亮的耳机；给电脑配上专业的麦克风，这样你就可以轻松地进行网络通话或网络研讨会。如果你经常参加公共研讨会，那么你可能会添加一些设备，比如投影仪，但这对于客户工作来说可能是不必要的，因为大多数客户都有投影仪。泰瑞配置了一个便携式音响系统，因为她多年来一直在做公共演讲和参加研讨会，而这让她不必去从酒店租用昂贵的音响系统。但如果你已经拥有了许多其他的商务设备，再配备上投影仪和音响设备就更加锦上添花了。你可以准备一些挂图和记号笔，因为这些东西在很多情况下都会很有用。除此之外，你几乎不需要什么东西了，所以在你开始行动之前，不要再想着去准备其他的东西——因为现在是行动的时候了。你已经有了你需要的一切！

活用政府资源

本节的目的是提高你对启动企业需要准备的多个元素的认识。你最初的许多问题都可以在美国小企业管理局的网站找到答案，负责企业事务的政府部门的网站往往罗列了很多常见问题，并进行了解答。在你与律师、注册会计师或其他顾问讨论怎么开办企业之前，这些网站的信息能让你有更深入的了解，再与他们交流时就不会看上去那么无知了。例如，你是否知道你的纳税义务会因你选择的企业类型的不同而有所不同？政府部门的网站对税收政策的安排将让你一目了然。

联邦政府要求了四种类型的税：所得税、自雇税、雇用税（你雇用他人），以及根据你提供的产品和服务种类而定的消费税。你需要定期向政府缴纳预估的税款。美国国税局网站能为你提供有用的资源，很多税务问题都可以在这个网站找到答案，至少能在你与专业顾问会面之前帮助你了解基本的税务概念。

记录保存

无论你决定设立哪种类型的企业，你都需要拥有完善的系统和合理的流程，例如记录保存系统。你会希望对收入、成本和现金流了如指掌，清楚知道如何保持低成本和高现金流，相关的数据记录就能让你一目了然。跟进你与潜在客户的谈话，包括你寄给他们什么材料，做了什么事让他们感到兴奋，这些都需要详细记录。有效的跟进能让你未来的营销工作有的放矢，事半功倍。这些都需要有良好的纪录保存系统。

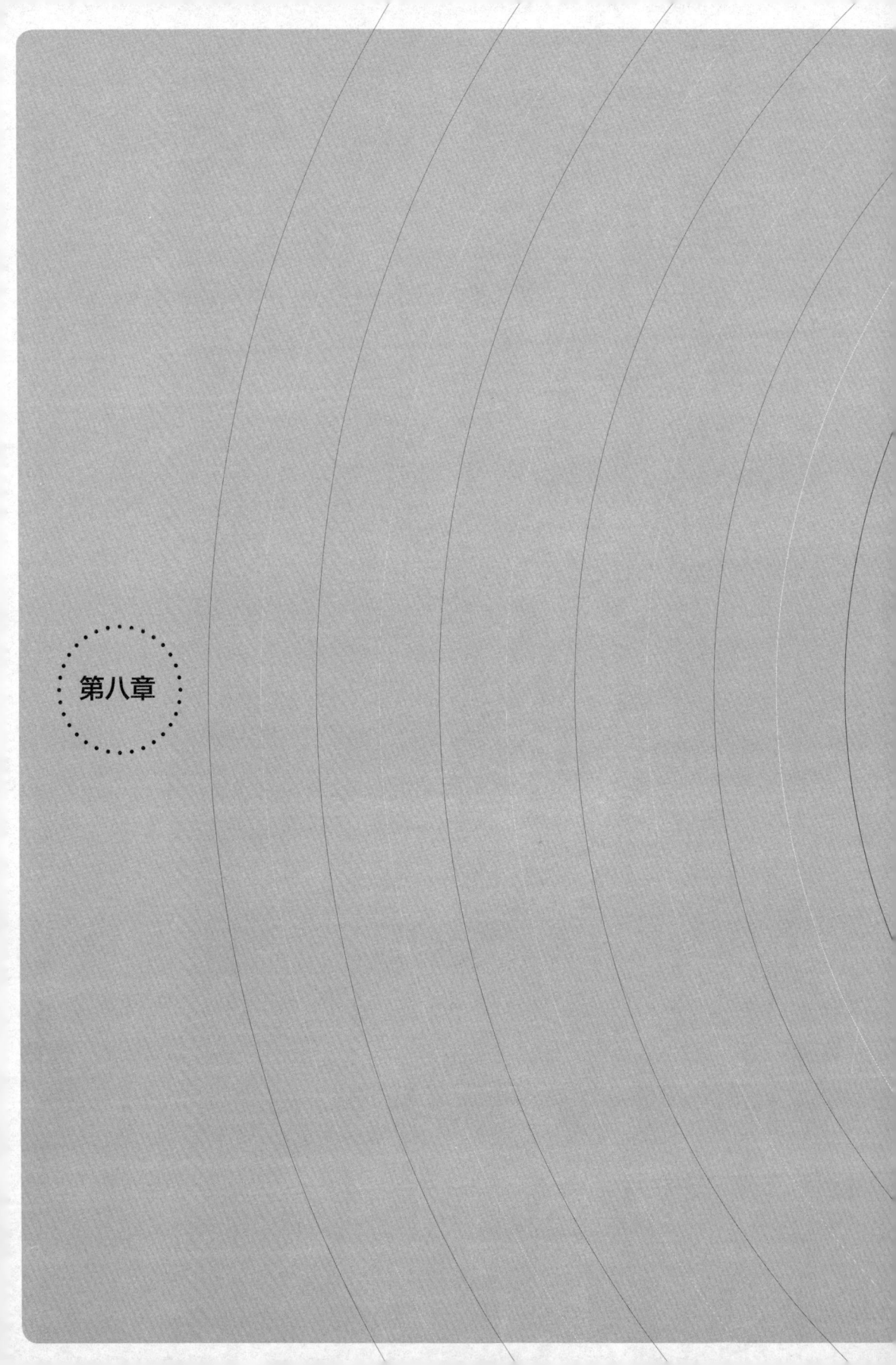

第八章

你的下一步行动

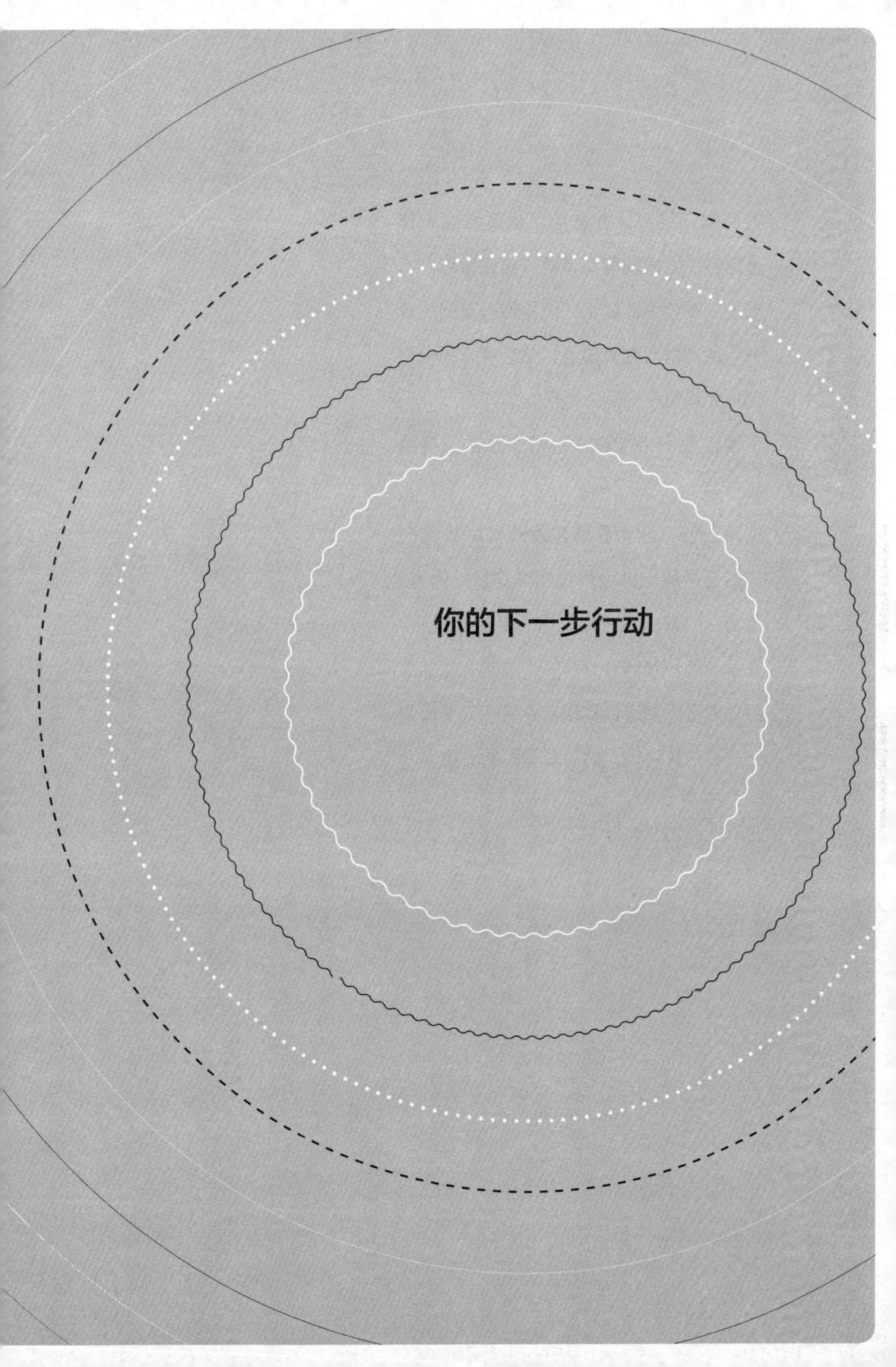

前面你已经阅读并理解了这本书的大部分内容，下面就需要考虑应该采取哪些行动了。重读你的笔记，浏览你有疑问的章节，达到前后融会贯通，然后决定如何使用这些建议和策略才是明智的行为。

下面，我们将带你进行两个非常重要的练习。

在第一节，你将弄清楚发展你的咨询公司的指导原则。请仔细阅读这部分内容，因为你收获的会比你预期的要多。

在第二节，我们会分享一个非常有益的练习，它可以加速你实现商业目标甚至超越它。请认真对待，然后享受你的成果。

第一节　制定自己的指导原则

我们希望你对客户、你的团队和自己做一个承诺，明确你的公司追求的目标和存在的价值。我们想让你告诉大家，说清楚什么对你来说是重要的，然后按照这些原则去做。

我们称这些原则为"指导原则"，但从广义上说，这些原则其实代表了你的目标、愿景、使命、价值观，以及对你来说重要的事情。我们不要纠结这些不同术语的定义的相似之处和不同之处，最重要的是你要知道什么原则对你和你的企业最重要，以及它们为什么重要，然后按照这些原则去行事。

花点时间想一想你是谁，你为什么会在这个星球上，以及你如何看待这个世界，再想一下你开办咨询企业的更大原因是什么。当然，原因可能是你想赚一大笔钱来支付孩子的大学学费，又或者是开办公司可以为你带来更多的休假时间。但除此之外还有什么？更重要的原因是什么？通过发展你的咨询公司，你想在这个世界上创造些什么？

我们知道，在本书的这个阶段，你已经对推动你的咨询企业感到非常兴奋。你可能已经记录了想要与之合作的潜在客户；也许你已经开始列出完美客户的特征，并列出作为顾问你愿意合作的名单。那么，为什么这些客户会出现在你的名单中呢？是什么让你觉得他们如此完美？

在上述自省过程中你要思考更多更深的内容，描绘出你能给客户带来的改变。哪些不同的体验给他们带去的不同。下面，我们要讨论一下为什么上面的内容对你来说很重要。

你有在认真对待开办咨询企业这件事吗？如果你认真对待的话，你会知道你正在怎么改变这个世界。这不仅仅能为你的客户创造数百万美元的价值，让他们获利丰厚，同时，也会让你的企业声名鹊起。让我们从超越经济学的视野来看一下！你如何积极影响人们的生活？你如何为那些商业领袖和他的团队成员带来改变？如何给你的团队成员带来改变？如何给你的家人和自己带来改变？

现在你要昂首前进了！

我们之所以如此充满激动，是因为你们有机会成为咨询业的领导者。当然，我们并不是说你的营收能与现有最大或最负盛名的公司相提并论，比如麦肯锡公司、埃森哲公司。我们期望你能成为一个行动和影响力方面的领导者。

除了《财富》500强公司以外，大多数企业都不会聘用这些大型的声名卓著的公司——它们会聘用像你这样的顾问。是你和你的同行们共同塑造了客户对咨询顾问的看法，并且我们都有责任用更卓越的标准提供服务。这样我们的咨询行业才能日益红火。

提高从业门槛，打造完美行业印象

在咨询职业生涯中，我们都遇到过这样的客户：过去与咨询师打交道给他们留下了非常不好的经历，因此无论现在的咨询公司有多优秀，或者他们的需求有多迫切，他们都不愿意再聘用任何咨询顾问。

现实情况是，有些咨询公司的确做得很糟糕，而这对你来说既是好消息也是坏消息。

首先是好消息。因为当你遵循我们在这本书中分享的建议和策略时，你将成为一名优秀的顾问，你的技能和能力将创造出令客户印象深刻的结果，并为你的客户带来巨大的影响力。他们爱你，会告诉他们的同事你的出色表现，你的生意就会因此一飞冲天！与客户建立良好关系并具备为客户提供高价值的能力将成为你的优势，尤其是与其他表现不佳的顾问相比。

不幸的是，事实上，有一些差劲的顾问可能会给你带来不利影响。想想看：由于其他咨询师给客户留下了技能不足、经验不足的印象，或者提供的服务不能达到令客户满意的结果，导致商业领袖们对咨询师这个群体形成负面的看法。而你的潜在客户可能正会由于他们和"差"顾问之间的糟糕经历而反感雇用任何顾问。这对你来说是令人沮丧的，因为你没有做任何应该被客户抛弃的事情，但是客户却因为他人的错误而不雇用你。尽管你的帮助可以使他获益，但是你却连一次试试的机会都得不到。

正是由于这些原因，所以我们所有的咨询师都有义务带给客户令其吃惊的美好体验。咨询行业正在极速扩张，并将继续增长，如果我们能够持续对外展示我们拥有巨大的价值，那么我们能获得的客户和收益将是源源不断的。这一理念要成为你的企业的指导原则的一部分。

商业咨询协会的指导原则

我们不是在要求你不去做自己，我们也不是在要求你做任何自己不愿意做的事。正如我们坚信我们制定的指导原则一样，希望你们也为自己制定一套适合自己的指导原则，相信并按照它行动，最终打造出独特的、影响力巨大的形象。

我们都相信，言行一致以及按照自己的价值观行动对我们的成功有很大的帮助。我们就是这样做的,然后取得了你所看到的些许成就。我们坚定地致力于为客户提供最高的价值,持续发展,并不断地提高我们的业绩标准。

诚信是我们所有活动的中心点。如果没有诚信,我们顾问都将被视为站在街角"蛇油推销员"[①]——客户不会信任我们!诚信贯穿于每一次合作、每一次展示,甚至是我们的使命宣言中——"帮助顾问最大化他们对客户的影响,同时以最高的诚信经营,从而为顾问创造庞大的客户群体和巨大收入。"

作为一个行业,我们有责任在任何时候都保持诚信。你的许多客户或者是潜在客户,已经对我们的行业失去了信心,因为这些客户与那些仅仅想赚钱,并且缺乏通过合作创造尽可能多的价值来真正帮助客户的能力的顾问有过不愉快的经历。

说实话,很多糟糕的咨询师并不知道自己是糟糕的。他们只会使用有限的几种手段来解决问题,而且解决所有客户的问题都用这几种方法。他们总是对客户"服下这个药片,你会舒服一点,快到早上的时候给我打电话",以此来掩盖客户的实际问题,而不是为客户创造一种可持续的解决方案。

在工作中要有所坚持,制定自己遵循的原则,下面是我们的一些原则,供大家参考一下:

1. 相信我们的知识和经验会帮助别人解决问题。
2. 明确我们的使命和价值观。
3. 始终勇敢地做自己。
4. 以原则为基础,而不是以工具为基础,因为这样可以创造更好的客户影响。
5. 专注于建立长期的关系。

---

① 在美国,"蛇油推销员"这个习语的意思是,利用无戒心公众、卖假药牟利的奸商。《牛津英语词典》对"蛇油"的定义是"假药或包治百病的药"。

6. 向世界展示自己，以吸引合适的客户一起合作，在此过程中给他们提供有效的帮助。

7. 持续自我提升——无论是个人层面还是专业层面，因为这样我们才能向客户展现最好的自我。

8. 把标准提高到比我们想象中更高的水平，继续挑战自己，并为我们的行业做出贡献。

要记住，去做一名成功的咨询顾问，并对你的客户甚至整个世界产生有意义的影响。心怀诚信地去生活，并且保持住这种高度诚信的状态。当你坚持自己的指导原则时，你就能有所作为。

第二节　描绘你的未来

你的下一步行动是非常有趣以及充满活力的。那就是我们希望你能描述一下你未来的咨询企业。不管你现在处于哪个阶段，是刚刚起步还是有十年扎实的经验，我们希望你想象一下，在未来五到十年里，你的咨询工作会是什么样子。

在这里，我们引入了一些有效的工具帮你进行展望。将未来可视化是一个强大的方法，它能为你潜意识里希望自己的现实生活是什么样子提供指导。

可视化是如何工作的

你的大脑有多种功能，其中包括让你的思想和身体的所有部分自动运转。尽管你有这样那样的愿望，但你的潜意识会努力地让你保持在一个合适的位置，而不是让你进入一个新的未知领域。为什么呢？因为它想保护你并且保证你的安全。建立一个咨询公司，出去找客户，要求一份新合同，等等，这一切都是你的潜意识认为的新领域，只是这些领域离你的舒适区太远了一点，你的潜意识无法认可并支持你的这些愿望。

等到你确信自己是认真的，你真的想进入一个不熟悉的新世界，去经营一个超级成功的咨询企业，你才会突破舒适区，打破潜意识的禁锢。

你的坚持和清晰定位在这时就会发挥作用。当你非常专注于目标时，当你满怀激动地知道一定能实现目标时，你完全可以想象出成功的样子、感觉、味道、气味和声音——然后你的潜意识就会专注到获得成功上来，而不是逃避，它会欣赏你和你对目标认知的清晰。

现在，为了坚持下去，你需要每天提醒自己（事实上，每天多次是最好的）：在达到想要的成功后，你的未来会是什么样子。这个练习通常被称为可视化，它不是你在脑袋里做的白日梦，而是由行动带来的可能的结果。你也可以建立一个物理视觉组合的图像和文字，用它们来代表你想要的成功景象。

例如，如果你有一个去巴黎度假的目标，你可以打印一张埃菲尔铁塔之旅的图片，挂在你办公室的墙上，或者将它作为你的电脑屏保。又或者，如果你想建立一个拥有10名员工的咨询公司，那就想象一下你办公室里有一张这些人组成的团队照片，然后找到一个类似的图片来帮助你可视化自己的想象。

你的信念既能减速你的成功，也能加速它。如果有一个无意识的声音一直鼓励你，那么当你意识到面前可能是一次很好的机会时，尽管它看不见摸不着，但你仍然会在不知不觉中做出抓住它的决定。这些决定会帮助你更快地走向成功。如果你无意识的声音总是暗示你很多事不值得做，那么同样的，你会忽视可能到来的机会，结果只能是故步自封。

其实你的大脑大部分功能都处于自动运行状态。不相信吗？那么你有没有告诉过你的大脑去控制心跳或者呼吸？再想一想开车回家，你还记得昨天你是怎么决定的回家路线吗？有太多输入的信息需要你的大脑去关注，大脑会自动处理，把它认为你想要的东西反映在你的脑海中。

大脑中被称为网状激活系统（RAS）的部分有一个过滤的作用，它可以决定哪些信息能进入你的意识。让我们举个例子来说明它的工作原理：假设你刚买了一辆新的灰色的吉普大切诺基，你会突然注意到路上有很多其他灰色吉普大切诺基。其实它们一直在那里，只是在买车前你从来没有注意到。同样的，如果你能引导你的意识去关注具体的事情，比如你的目标，那么你也会开始注意实现目标的方法。

将自己和企业的未来可视化，是一个关键的步骤，可以帮助你意识到你对创造未来是认真的。你要坚信你值得拥有你所描绘的成功。通过想象你每天的成功细节来强化这种信念，你就会更快地达到目标。

你要做的练习

你希望自己达到什么样的成功水平呢？从下面几方面来想象并描绘一下：
- 你的收入、利润
- 你的完美客户的特征，并写下你有多少客户
- 你与客户的合作会是什么样子的，可能有什么样的合同条款——你会带领团队和同一个客户进行长期的合作，还是和许多客户进行短期的合作
- 你的团队成员有哪些，人数如何
- 办公室和工作环境如何
- 你的成功能带来的一切，包括你的房子、车、假期以及其他任何你想要的东西

这完全是你的未来，你可以按照任何想要的方式来设计，没有任何限制。我们教给你的东西会带你去到那——现在你要做的就是去实施你的想法。

▶▶▶ 后 记 ◀◀◀

我们写这本书的目的是帮助你,作为一个咨询顾问,学习如何建立一个成功的咨询企业或提升你已经成功的咨询企业。我们的目的是向你展示在我们创立的咨询企业中什么是有效的,并向你分享我们如何指导咨询师开展服务,最终使他们成为成功的咨询顾问。希望我们的成功经验,能帮你大大增加你的咨询事业的成功概率。

我们的咨询师客户非常喜欢我们在这本书中与你分享的内容。他们告诉我们,通过我们提供的信息,他们的营销压力减轻了很多,在如何提供成功的咨询服务以及获得可靠的收入来源上的很多疑惑也得到了解答。

现在你已经读完了这本书,我们希望你能看到一个理想的咨询公司是如何运作的,以及如何使你的企业获利丰厚。我们希望你能创造一个让自己没有太大压力的企业。我们知道,在你的企业中,你可以得到你应得的自由——当你在推行本书中介绍的系统和解决方案时,你会得到这样的自由。

我们都希望你,和我们的咨询师客户一样,在自己的咨询事业中获得更多的乐趣。如果你快乐地从事自己的工作，将对你的客户产生连锁反应，他们也会变得愉快。我们知道，那些能够长期和你合作，甚至给你推荐业务的客户都是和你相处比较愉快的客户。

在这本书中，我们已经给了你所有必要行动所需的工具，现在你要做的就是开始行动起来！如果你刚开始做咨询工作，还没有客户，那么现在就是你了解如何在市场中给自己找个定位，并确定你的第一个理想客户的时候了。了解你的理想客户，然后选择你想要合作的公司。如果你是一家已经运营起来的咨询公司，想要进一步发展你的企业，那就浏览本书中关于留住客户、增加服务、交叉销售、向上销售的内容，看看我们的想法，这些想法可能让你的企业翻倍。

不管你的咨询事业处于哪个阶段，我们都建议你从这本书中挑选出五种策略，并承诺在未来三个月内全面实施这五项策略。正如我们的咨询师客户所证明的那样，只需要五种策略就会让你的收入和咨询事业产生天翻地覆的变化。

为其他咨询顾问服务是我们的荣幸，看着这些咨询顾问在我们的帮助下成长和成功对我们来说也是一种喜悦。

我们祝你好运，愿你的咨询事业蒸蒸日上，收入源源不断！

▶▶▶ 致 谢 ◀◀◀

几十年来，我们一直积极地参与咨询工作，同时我们想要感谢很多人，是他们的贡献帮助我们形成了这本书中的观点和想法。我们是受驱动型的学习者，并且我们诚挚地相信，在个人生活和职业生涯的每一次互动中都能获得智慧和新的经验。作为企业家、高管和顾问，因为我们在职业生涯中参与的所有工作和扮演的角色，我们能够与许多影响我们思维的重要人物进行互动。在与许多重要人物的日常交流中，我们的脑海会迸发出一些和咨询相关的创意——关于它的功能、整个行业的情况以及建立咨询企业应有的原则。我们想在这里感谢你们。

这些年来，我们独立地投资了许多项目，并聘请了教练和导师——所有这些人都将他们的智慧传授给了我们，让我们能够消化吸收到我们的个人风格和方法中，产生巨大的影响。在探索过程中，我们有幸得到许多商业导师的忠告，其中包括杰克·坎菲尔德、乔尔·鲍尔、乔·维塔勒博士、W.爱德华兹·戴明博士、贾斯汀·萨克斯、比尔·斯特里、吉姆·邦奇和弗兰克·克恩，等等。

在我们的咨询生涯中，有很多客户也对我们的生活和咨询工作带来了积极的影响。有太多这样的人，让我难以完全列出。但是我们要表达的是，如果您过去曾是我们其中任何一个客户，那么我们感谢您信任我们，让我们帮助您改善生意。因为正是与您的互动，我们才能在这本书中形成了我们关于商业咨询的建议，让我们可以有效地教导其他顾问，告诉他们如何创造广泛的影响力并向他们的客户提供有价值的东西，就像我们为您所做的那样。

我们都是商业发展委员会[①]的活跃成员，正是通过商业发展委员会，我们相识并成为朋友。我们非常感谢特雷莎·德·格罗夫斯瓦，她创建了商业发展委员会，同时也非常感谢她周围那一群了不起的领袖们，让我们有机会经常与他们交流。

我们成立了商业咨询协会，并举办了一系列主题为"做强你的咨询事业"的现场活动。正如你可能意识到的，举办这些活动需要做很多后勤工作，幸运的是有一个伟大的团队来支持我们。那些帮助我们推广这些活动的人有：玛丽·斯通、特雷莎·德·格罗夫斯瓦、帕姆·贝恩、贝弗利·伯格曼、达文·迈克尔斯、约翰·哈尔平、费思·艾伦·萨克斯-胡普斯、丽莎·R.埃普斯汀-萨克斯、萨米·扎巴拉、肯·罗雄和卢克·查尔顿。那些帮助我们建立网站，并为我们运营网站、处理电子邮件的人有：帕特·齐克福斯、安迪·奥布赖恩、罗伯特·梅林·戴维斯、艾伦·威尔特丁克和乔希·金德达。我们的赞助商有：The Income Store 的肯·考特莱特和艾伦·威尔特丁克，Ver-vante 的辛迪·泰勒，AccMe 的扎克·德·希尔瓦，Abeo 的埃里克·兰力和商业发展委员会的特雷莎·德·格罗夫斯瓦。提供现场支持的人有：玛丽·斯通、莫·贝利、克里斯蒂娜·罗杰斯、凯利·布鲁斯坦、迪翁·拉莫斯、加里·斯图尔特、恩娜·阮志昂、特雷莎·哈金斯和大卫·特维特。我们的嘉宾有：基思·利昂，福雷斯特·威利特，吉亚·海

[①] 商业发展委员会是一个由具有积极变革思想和新兴思想的领袖人物组成的组织。

勒、约翰·莱斯利·布朗，亚历克斯·蒙托亚，安德里斯·博伊切尔博士，比尔·斯特莱，斯蒂芬·罗，夏尔曼·哈蒙德，劳拉·鲁宾斯坦，霍克·米卡多，大卫·鲍弗德。我们的视频资源助手正在帮助我们制作视频，以配合我们在这本书中呈现的内容，他们是：马克·弗劳恩弗尔，亚历克斯·沃森，乔恩·扬那科内，R.J. 沃利切克和米奇维瑟。尼克·维斯（尼古拉斯·维尼亚尔斯基）为我们的视频作曲。桑德拉·菲弗是一位了不起的摄影师，他为我们拍摄了宣传照，此外，利兹·麦克纳尼和艾伦·莫尔达斯分别负责头发造型和化妆。

我们的出版商——励志出版社（Motivational Press），他们拥有很棒的团队，使得这本书的专业度得到了保障。贾斯汀·萨克斯是出版社的首席执行官，在我们策划这本书的内容和制定依靠图书建立商业咨询协会品牌的战略时，他一直作为一个伟大的顾问和导师在帮助我们。不论是从外部封面还是到内部框架，我们都为这本书的外观和气质感到兴奋。贾斯汀，我们感谢你在领导你的团队之余，还为我们这本书贡献了你的想法，使得这本书被成千上万的人看到。

写这本书可不是一件容易的事！我们从最初的提纲，经过不断的润色完善，扩展补充，最终才以疯狂的冲刺速度在截止日期前赶出了稿子。詹姆斯·康力、纳西尔·贾米尔·阿克塔尔、凯利·布鲁斯坦、克里斯蒂娜·罗杰斯、玛丽·维尼亚尔斯基和莉莎·莫林从我们的视频、网络研讨会和现场活动中转录了我们的各种录音，为我们的初稿增添了精彩的内容。凯西·斯派洛在熟悉我们的内容后，帮助我们把我们的理念变成了一本有凝聚力的书。罗伯特·梅林·戴维斯，谢谢你最后一分钟的评论和反馈。如果没有你，我们还在写作！纳西尔·贾米尔·阿克塔尔，你和我们一起走过了每一步，帮助我们处理好了那些所有无穷无尽的工作，从而确保所有需要完成的事情最终都能完成。谢谢你！

特别感谢杰克·坎菲尔德，很荣幸您的前言为我们这本书设定了基调。您是我们的良师益友，我们非常感激您。

我们希望凭借此书引起所有出色的咨询师客户的注意，并在这里结识你。感谢您在执行我们的建议并取得优异成绩的过程中给予的信任和支持。你们给我们分享了很多精彩的故事，这证明了我们所教授的东西是有效的！值得感谢的还有：海伦·奥伯、伊尔卡·查韦斯、丽莎和保罗·莫里斯、诺玛·霍利斯、乔妮·霍利曼、玛丽安·罗斯、丽莎·卡普洛伊茨博士、莉兹·麦克纳尼、戴夫和贝琪·加里森、罗伯特·梅林·戴维斯、大卫·特维特、瓦尔邻居、凯蒂·布雷、泽布·塞弗森和凯西·斯派洛。继续向前冲刺吧！

我们的团队也回归到了我们其他的业务部门中，在我们建立和推动商业咨询协会发展的时候，他们一直在为我们工作，这种奉献是无价的，它值得我们给予最高的感谢。这些人有：大卫·特维特，克里斯蒂娜·罗杰斯，凯利·布鲁斯坦和詹姆斯·康力。

最后，如果没有我们挚爱的家人的支持，这本书是不可能完成的，正因为他们理解这个项目的价值，才让我们有时间和空间来创作这个作品。马克·莱文——总是支持我们的事业，让我们在家里、在墨西哥、在深夜都有可以工作的空间。玛丽·维尼亚尔斯基——你用爱和耐心把维尼亚尔斯基一家人凝聚在一起。尼古拉斯和南森——你们看着爸爸一周七天无休地工作完成了自己的"作业"，向你证明了早点完成作业是一件不错的事情。

感谢大家的支持！

泰瑞·莱文和皮特·维尼亚尔斯基